算数科授業サポートBOOKS

小学１年
担任のための
算数
指導

黒川孝明 著

明治図書

はじめに

　目の前の算数が苦手な子が「できた！」と喜ぶ笑顔。

　それが，私の授業づくりの原動力です。

　私の授業は，心がザワザワとなる時間をつくり，表情がにこにこになる時間をつくり，体を動かす時間をつくります。

　そして，ときには，教科書のやり方を少し変えて授業をつくっています。

　結果，算数が得意な子も含め，クラスのみんなが楽しめる算数の時間になってきたと思っています。

　ここ数年，子どもが変わってきたと感じます。

　学校の同僚たちも口々にそう言います。

　一言で言うと幼くなりました。

　しかし，ただ幼いだけでもありません。

　もともと１年生は「宇宙人」と言われていましたが，その「宇宙人化」が加速化しているように感じます。

　序章では，その具体例について書きました。

　子どもを知ることが，授業づくりの第一歩だと思うからです。

　高学年の授業が45分のドラマなら，低学年の授業はバラエティーだと思います。

　バラエティー授業が，どういう組み立てになっているのかを１章に書いています。

　また，そういう子たちへ，どうアプローチすればいいのかを２章に書いています。

　２章では，宇宙人化の加速する１年生に，「できるようになる」「楽しく算数ができる」20のアプローチを提案しています。

　「算数の授業を楽しくしたい先生」「算数が苦手な子を担任する先生」に，ぜひ，試してもらいたいと思います。

もくじ

3章　逆転現象を起こす「ますまる計算プリント」

序章
宇宙人化する 1 年生

1 変化する子ども

よく行われる，さくらんぼ計算は，弱点のある手立てです。

特に，「繰り上がりのあるたし算」のさくらんぼ計算には，大きな弱点があります。

そのことに気づいてからは，さくらんぼ計算の弱点を補う手立てをとるようにしました。

そして，子どもが地道に計算手順を進めれば答えが出るように，さくらんぼ計算を変身させて計算させていました。

「お行儀の悪いさくらんぼ」と命名したこのかき方は，当時担任した多くの算数の苦手な子どもたちを救いました。

その計算方法を中心にした実践で，賞を頂くこともできました。

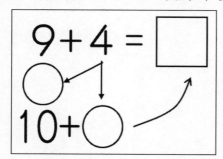 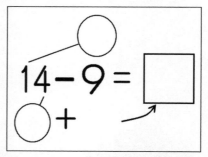

ところが，数年前よりこの「お行儀の悪いさくらんぼ」が通用しない子が出てきました。

年々，その割合は増えているように感じます。

なぜ，「お行儀の悪いさくらんぼ」は通用しなくなってきたのでしょうか。

それは，数量感覚が十分に育っていないからだと思われます。

また，1学期から数量感覚を育てる取り組みを継続して行っても，育ちが緩やかで，繰り上がりのあるたし算の学習までに，必要な感覚が育ちにくくなっています。

ここ数年，今まで通用したやり方が通用しなかったり，今までに見たことがない子どもの姿を見たり，驚くことがたくさんです。

「子どもが変わってきた」

最近，つくづく感じます。

「お行儀の悪いさくらんぼ」は一つの例です。

「お行儀の悪いさくらんぼ」だけではなく，算数の時間のいろいろな場面に子どもの変化を感じますし，算数以外でも感じます。

「1年生は宇宙人」との言い回しは，随分以前からありました。

・何を言っているか分からない。

・何をするか分からない。

大人とは違う思考回路の1年生が「宇宙人」と表現されたのだと思います。

その「宇宙人化」が，加速しているように感じています。

昔の宇宙人はせいぜい火星人ですが，今は，銀河の先にいるようです。

2　体の変化

①給食

少し，宇宙人たちの様子を見てみましょう。

給食の時間，その偏食ぶり小食ぶりに驚かされます。

ごはんやおかずを全部合わせてもピンポン玉。

そんな少量を30分かけても食べ終わることができない子がいます。

それが，クラスに1人や2人ではありません。

入学時，そんな量さえ食べることができない子が何人もいます。

さらに，ここ数年は，箸を使わず「手で食べる」子も出てきました。

牛乳を飲めない子，ご飯を食べることができない子，野菜を一切食べない子も珍しくありません。

少しずつ食べることで，偏食を克服する子もいます。

ただ，偏食を克服することは算数より難しく思います。

②体育

　体育の鉄棒の時間，鉄棒にぴょんと跳び上がり，腕支持で体を支えることができない子が増えています。

　鉄棒を握って，ぴょんぴょん跳びはねるだけです。

　そこで，子どもの体を抱え，鉄棒に上げてあげます。

　そうするとなんとか，自分で体を支えることができる子もいます。

　でも，今度は，そこからぐるりと回って下りることができません。

　鉄棒の技でいう「跳び上がり」と「前回り下り」ができないのです。

　ある年の私のクラスでは，３分の１ができませんでした。

　人数にすると10人です。

　一つのクラスにこれだけ「跳び上がり」ができない子がいました。

　その年，別の学校の先生にその話をすると，「私のクラスでも同じです」と言われました。

　こういう傾向は，私が担任した子どもだけではないようです。

　初めて１年生を担任したのは20年以上前ですが，「跳び上がり」や「前回り下り」ができない子どもは一人もいませんでした。

　最近では，回る瞬間に手を放す子もいるので，鉄棒の指導には気をつかうようになりました。

　そんな驚くべき「宇宙人化」は，まだ続きます。

　縄跳びをさせると，一度も跳べない子がけっこういます。

　遊ぶ様子も変わりました。

　鬼ごっこで，鬼に向かって「こっち来ないで」と怒り出す子がいます。

　体育ではありませんが，図工の時間に絵を描かせると，棒人間しか描けない子も増えています。

　縄跳びが跳べない子も，鬼ごっこで怒り出す子も，棒人間しか描けない子も，以前からいました。

　しかし，そういう子が増えてきています。

　明らかに，子どもは変わってきていると感じます。

3　授業への影響

このような宇宙人化は，当然，授業にも影響しています。

まずは，体を支えることができなくなり，姿勢が崩れます。

机にもたれかかったり，背もたれに寝そべるように座ったりします。

算数の授業も変わっています。

20年前の子は，3＋5が分からなくても，3円＋5円はできていました。

「円」を付けて計算させることが，計算学習のちょっとしたコツでした。

「お金」が身近にあり，「買い物」が子どもの生活の中に入っていたのだと思います。

10年程前は，その技術は少しずつ役に立たないものになっていました。

そして，今は，ほぼ使えない技術となりました。

1年生算数の定番の教材と言えば，「ブロック」や「おはじき」です。

しかし，それが使えないクラスが出てきています。

なぜなら，ブロックで遊んでしまうからです。

教師の指示どおり使わず，ブロックを積み重ねて遊び始めます。

注意してすぐは，遊ばなくなりますが，しばらくするとまた遊び始めます。

そういう子は以前からいましたが，人数が少なかったため，個別に対応して授業が成立しました。

しかし，その割合が増えてしまい，授業中に「ブロックを積み重ねる子」に対応できなくなってきています。

それは，まるでモグラたたきのようです。

一人の子をきちんとさせる間に，別の子がブロックを重ね出すのです。

当然，すべての1年生のクラスがそういうわけではありません。

しかし，そういうクラスが増えている実感はあります。

私は，長い間算数の研究団体に所属し，算数を研究してきました。

ここ15，6年は，毎年10回以上算数の授業を見ています。

自分の学校だけでなく，他校へもよく行きます。

その学校の先生方とも話をします。

そういう経験の上での実感です。

4　アプローチ次第

　それでは，偏食の子，運動が苦手な子，算数が苦手な子へ打つ手立てはないのでしょうか。

　まず，偏食の子を減らすことは容易ではありません。

　少しずつ慣れさせるしかないと感じています。

　それで，苦手な食材を克服する子もいます。

　しかし，全員が食べられるようになることはありません。

　ですが，給食の時間に指導が可能なことがあります。

　「箸の持ち方」です。

　箸をきれいに持つことは，単に作法というだけではありません。

　算数ができることに無縁ではないと感じています。

　次に，運動です。

　前述した入学時に「跳び上がり」も「前回り下り」もできなかった子たちは，2学期には，「跳び上がり」も「前回り下り」も全員ができるようになりました。

　10人のうち，2人は逆上がりもできるようになりました。

　縄跳びも，クラスの半分は二重跳びができるようになりました。

　運動は，アプローチ次第で成長できると思います。

　算数も運動と同様に，アプローチ次第で成長できると思います。

　ある年のことです。

　学校で2年生の担任をしている一人の同僚が近づいてきました。

　そして，「長さを測ることができない子がいます。何かいい方法はないですか」と質問してきました。

私は答えました。

「cm や mm という『言葉』が苦手な子がいます。そんな子には，cm の代わりに『アリさん』mm の代わりに『卵』という言葉を使うだけで分かることがあります」

話をしたのは，たったそれだけです。

翌日，「長さが測れるようになった」とうれしそうに報告してくれました。

大人でもパソコンの難しい言葉を聞いただけで，話の内容が理解できないことがありますが，それと同じです。

cm の代わりに「アリさん」と言っただけで，「1cm」という長さのイメージが湧く子がいるのです。

実は，できなくて困っている子へのアプローチは「アリさんと卵」のように意外と簡単なものが多いです。

ほんの少し手立てを変えるだけで，子どもはできるようになります。

1年生の授業内容は，他の学年に比べて簡単です。

それだけに「なぜこんな簡単なこともできないの？」「昨日はできたのに，今日はなぜできないの？」と不思議に思うこともしばしばです。

例えば，以下です。

- たし算はできるのにひき算はできない。
- 繰り上がりのあるたし算のやり方を忘れてしまう。
- 時計が読めない。
- 2＋3はできるのに，20＋30はできない。
- 2＋3はできるのに，42＋3はできない。

これらのどれもが，アプローチを少し変えるとできるようになると実感しています。

できないことができるようになったとき，素敵な笑顔を見せてくれるのは，今も以前と何も変わりません。

子どもの可愛さは変わりません。

　たとえ，授業の相手が銀河の先の宇宙人でも，楽しい授業ができるように
なります。

1章

小学1年
算数指導の基礎基本

１年生の指導はここから

　高学年の算数授業が一本のドラマだとすると，１年生の算数の授業は，バラエティーかもしれません。

　45分の授業を「詰め合わせトークバラエティー」にします。

　45分間に，いくつかの「コーナー」が登場します。

「宇宙人化」の進む１年生に向いている授業スタイルだと思います。

　授業の一場面，例えば「１〜10まで数を唱える」活動で再現しましょう。

　まずは，普通に「１〜10まで数えるよ」と言って数を唱えます。

　これが１個目です。

　次は，指を立てながら数えます。

　これで２個目です。

　この活動の場合，指は全員同じ形に統一します。

「１，２，３，４，５」は以下。

「６，７，８，９，10」は以下です。

　次に，数カードを見ながら数を唱えます。

　使ったカードは，黒板に並べておきます。

　これで３個目。

　次は，教師と子どもが交互に数を唱えます。

教師「1」→子ども「2」→教師「3」→子ども「4」→教師「6」

いきなり，わざと間違えます。

子どもの心がザワザワして，大騒ぎになります。

いよいよバラエティー授業のメインコーナーです。

「先生，黒板のカードをよく見て，4の次は6じゃなくて5だよ」

「えっ？　4の次は6じゃなかった？」と言いながら，子どもを挑発します。

いくつかの子どもの発言の後，間違いを認め，もう一度交互に唱え始めます。

でも，また間違えます。

こうやって，1〜10までの読みと並びを，発言を引き出しながら，大騒ぎしながら確認していきます。

やっと成功したとき，お祝いの気持ちを込めて「10」の後に「まんじゅう」と叫び，手を大きく広げようと意味の分からない提案をします。

馬鹿げた提案でも，1年生はすぐに乗ってくれます。

「まんじゅう」と叫びながら手を突き上げるだけで，なんだか楽しい気持ちになってきます。

授業の中のにこにこポイントです。

ここで終わらず，「交互に唱える活動」を，教師と子どもでなく，お隣の友達とペアをつくり行います。

「まんじゅう」ポーズもしっかりやります。

さらに次は，席を立ちクラスの誰かとペアになり，同じ活動をやらせます。

教室のあちらこちらで「まんじゅう」という声が上がり，なんとも愉快な空間ができあがります。

これら一連の活動には，きちんと意味があります。

①活動を繰り返すことの意味

1年生で学ぶ算数の内容は，算数学習の土台です。

活動を何度も繰り返すのは，しっかり習得させるためであり，「土台づくり」をするためです。

　多くの子は，入学時に「1～10まで数を唱える」ことはできます。

　しかし，中には経験の少ない子もいます。

　そこで，すでに知識が十分にある子を含め，全員に「1～10まで数を唱える」経験をさせています。

　1年生には，経験を多く積ませて，しっかりとした「土台づくり」をする必要があります。

②指を立てる活動の意味

　次に，「指を立てる」活動の意味です。

　指を動かすことは，脳にいい刺激となります。

　洋服のボタンを留めることさえ苦手な子どもがいる年齢ですので，指を意識的に動かす活動を入れていきます。

　また，これから学習するたし算やひき算でも，指を使う子が出てきます。

　指を曲げて数えるのではなく，立てて数を表現させます。

　何よりも，じっとしていることが苦手な1年生には，動きがあることで満足した活動になります。

③わざと間違うことの意味

　「わざと間違う」ことにも意味があります。

　教師が間違ったとき，子どもの心がザワザワします。

　心の声が飛び出します。

　発言に意欲的な子は，「4の次は5だよ」「6は5の次」等と言います。

　その発言をそのまま別の子に言わせます。

　人前で発言することが苦手な子でも，人の真似ならやりやすいです。

　真似することで，「発言の練習」ができます。

　教師が「わざと間違う」ことで，集団での学びができる発言を引き出すこ

とができるのです。

　また，１年生は，人の話を聞くのが苦手です。

　友達の発言を聞いていないと，「今，友達は何て言ったの？」と尋ねられても答えることができません。

　そうやって，「聞く態度」を育てることができます。

　授業は，「心がザワザワ」となる時間からがメインのコーナーです。

④喜びを表現することの意味

　「まんじゅう」と言って，体を大きく動かすことも意味があります。

　この場合は，「喜びの表現」です。

　算数の時間には，「喜び」等，心が動く瞬間がたくさんあります。

　ここは，喜ぶ時間だと思ったら，みんなでしっかり喜びましょう。

　しっかりと「喜びを表現」することで，明るいクラスをつくっていくことができます。

　何より授業が楽しくにこにこになります。

　体を大きく動かすことで気分転換にもなり，心も解放できます。

　例えば，数字をかく練習の時間に，空中に「８」とかくとします。

　小さくかくだけでなく，体を使って大きくかくことで，正しい鉛筆の動きを覚えやすくなります。

　大きく動くことは，１年生に大きなメリットがあります。

Point　１年生の指導はここから

メインコーナー付きトークバラエティー授業に挑戦しよう。

- ・１年生の授業では，バラエティー豊かな活動を繰り返そう。
- ・１年生の授業では，喜びを表現しよう。
- ・１年生の授業では，楽しく指と体と心を動かそう。

授業の約束・ルール

入学時からしばらくは, 教えることがたくさんです。

チャイムが鳴ったら椅子に座る, 授業中は席を立たない, 私語をしない, 教科書やノートを出す等, 一つ一つ教えます。

焦ることはありません。一度に全部を教えるのではなく, 時間をかけて指導していきましょう。クラスによっては, 離席する子がいるかもしれません。あまりその子を注意ばかりしても授業は進みません。それより, きちんとできる子をほめましょう。

ただ, 椅子に座るとき, 机とおなかの距離は (じゃんけんの) グー1つ分ということはしっかりやらせましょう。そこから離れすぎても近すぎても駄目です。そこが守られていればそうひどく姿勢が崩れることはありません。

他に, 私は, あまり誰もやっていない「2つの躾」をしています。

1つは, 「心の動きを表現すること」です。

もう1つは, 何かしらの活動時間の終わりに20秒の猶予を与え, その間に必ず活動を終わることです。

①「心の動き」を表現しよう

授業の中には, 必ず心の動きがあります。前述した「ザワザワ」も「喜び」も心の動きです。正解したらうれしいし, 間違っていれば残念な気持ちになります。そんな「心の動き」を表現できるようにします。これも, 立派な躾です。

また, 心の動きの中には, 「驚き」もあります。

授業例で「喜び」と「驚き」のある活動を再現しましょう。

授業は, 34+5等, 「大きな数の計算」です。

30は，置いておき，4＋5ができれば答えを出すことができます。

しかし，計算が苦手な子は，そこに気づきません。

そこで，下のように簡単な計算を繰り返した後，34＋5に挑戦します。

```
  4 + 5 =   9
 1 4 + 5 = 1 9
 2 4 + 5 =
```

ここまでかいたとき，「もう分かった」という声が出てくるでしょう。

そういう子に説明をさせます。

上手な説明をした子がいた場合，その説明をみんなで真似します。

例えば，「20をかくして，4＋5をする」と言った子がいたら，みんなで「20をかくして，4＋5をする」と言います。

その後，算数が得意な子を指名して復唱させます。

さらに，算数が苦手な子を指名して復唱させます。

こうやって，何度も説明の仕方の練習をします。

全員が言えるようになって，答えを確認したら次の問題をかきます。

黒板は以下のようになっています。

```
  4 + 5 =   9
 1 4 + 5 = 1 9
 2 4 + 5 = 2 9
```

34＋5……ここまで来ると，計算が苦手な子も答えが見えてきます。

そこで，問います。

「34＋5は，さんはい」

「39です」

その後，こう言います。

「本当に39か図で確かめるよ。39になったら，みんなで喜んでね」

さらに，付け足します。

「念のために，喜ぶ練習をしよう。先生が『さんはい』って言ったら，思いっきり喜んでね」

そして，喜ぶ練習をさせます。子どもは「イェーイ」と言ったり「ヤッター」と言ったりします。喜び方が上手な子には，みんなの前でお手本をやってもらいます。喜び方は，少々オーバーな方が面白いです。

このとき使う図は，数え棒でも⑩と①を使った図でもかまいませんが，ここでは⑩と①を使っていることにしましょう。

```
 4 + 5 =   9
14 + 5 = 1 9
24 + 5 = 2 9
34 + 5 =
```

この板書の横に「34 + 5」だけをもう一つ大きめにかき，その上に図をかきます。以下のようになっています。

```
              ↓              （↓は板書していません）
⑩⑩⑩①①①①    ①①①①①

      ３４＋５
```

矢印の部分を指さしながら，「34」と教師が読み始めます。

「35」からは，子どもも一緒に唱和します。

「35」のとき教師は，「5」の上にかいた左端の①を指さします。

「35，36，37，38」ときて，最後の①を指さして「39」になった瞬間，子どもたちは練習どおり喜びを表現します。

念のために，44＋5，54＋5も練習し，計算をしっかり習得させます。

答えが分かるようになって終わりではありません。

黒板をよく見ると，不思議なことが起きています。

このときの黒板は以下です。

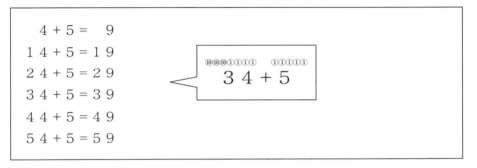

子どもが授業に慣れてくると，教師が発問しなくても，「先生，面白いことに気づいた」等と言うようになります。

気づいた子と気づかない子が混在するときもザワザワの時間です。

もし，子どもが何も言わない場合，「何か面白いものが見えない？」と発問してもいいし，「わ！　先生すごいこと発見しちゃった」と驚いて見せてもいいでしょう。

答えの一の位に9が並んでいることや十の位が1・2・3・4と並んでいること等を発見すると思います。

この後が大事です。子どもが発見した後のリアクションです。「なるほど～」とか「へ～」とか「あ～」とかリアクションさせます。初めは，一人でも驚きの声を出すことができれば優秀なクラスです。その子の驚きの声をみんなで真似しましょう。そのうちに，リアクションの上手な子が増えてきます。リアクションできた子はしっかりほめましょう。

声を出すだけでなく，首を縦に振ったり，左手の手のひらと右手のグーで合点したり，動きも付けます。

慣れるまでは，動きも付けてリアクションの練習をします。

「みんなで『へ～』と言いながら首を縦に振って」等と言って練習します。
　そのうちに椅子から転げ落ちる等，独自のリアクションができる子が登場します。
　リアクションは「驚き」の場面だけではありません。「大変だ」とか「疲れる」とか，ときには「怒り」も表現させます。これらはマイナスの感情ですが，みんなで表現すると楽しくなります。「怒り」を表現させると教室に負のオーラが漂うイメージがあるかもしれませんが，やり方次第で楽しくできます。
　例えば，「繰り上がりのあるたし算」の1時間目，「10を超えて指が使えない」と言う子がいたら，その計算式に向かって怒りを表現します。
　元気のいい子は，荒々しい言葉や大きな声を出すかもしれません。
　その場合，「怒る」ときはそんな声では駄目だと教えます。
　「怒るときは可愛く怒りなさい」と教えます。
　「10を超えて駄目ですね～。ぷんぷん」等と言わせましょう。
　心の動きを表現できると，授業が楽しくなります。
　心が動くということは，問題に関わっていることの証ですし，そのときの自分を見つめることにもつながります。
　ちなみに，1年生の場合，すぐに答えを言う子が必ずいます。
　「24＋5」の場合，反射的に「29」と言う子がいるでしょう。
　慣れていない先生は，「何で答えを言うんですか」と注意したりします。
　しかし，1年生に答えを言うなと言っても，なかなかできません。
　答えを言って欲しくないときは，問題をかく前に「答えは言わないでね」と断わっておきましょう。これも，大事な授業の約束ごとです。
　それでも答えを言う子がいても，心配いりません。
　1年生は，他人の言うことはあまり聞いていません。
　気づかないふりをして授業を進めましょう。

②20からのカウントダウンをしよう

　活動に制限時間を設けた場合，「後，20秒で鉛筆を置きます」等のように，活動の終末に20秒の猶予を与え，20からのカウントダウンをします。

　これには，躾以外の大きな意味があります。

　算数では，よく以下のような問題が出てきます。

　「15－14－□－12。□には何が入るでしょう」

　昇順は数えることができても，降順では数えることができない子がいます。

　そんな子は，降順への慣れが必要です。

　土台づくりです。

　また，20からカウントダウンをしておくと，繰り下がりのあるひき算の学習で役立ちます。

　後々，「やっててよかった。カウントダウン」と必ず思います。

　ちなみに，指を動かしながらカウントダウンもできます。

　まず，「手の甲」が見えるようにして左右の手をパーにします。

　19，18，17，…と，手の甲を見ながら指を1本ずつ折っていきます。

　10になったとき，両手はグーになっているはずです。

　ここで，10を変身させます。

　「じゅう～う」と長く伸ばして言いながら，もう一度両手をパーにします。

　このとき，「手のひら」が見えるように手を回した後，指を折っていきます。

　20～10は親指が内向き，10～0は親指が外向きです。

　「20秒で給食当番並びます。20，19，18，17……」等，算数の時間だけでなく，いろいろな日常生活で20からのカウントダウンをするのがお勧めです。

Point　**授業の約束・ルール**

・心の動きをオーバーアクションで表現しよう。
・20からのカウントダウンをしよう。

ノート指導

①「ノートの時間」をつくろう

6年生のノートを見てみましょう。

「比例」の授業です。

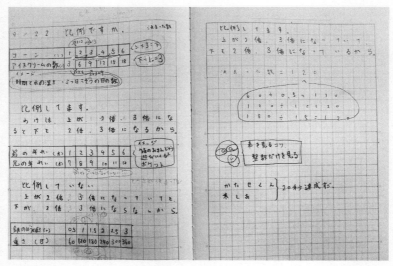

問題をかいて，気づいたことをかいて，自分の考えをかいています。

言わば，高学年のノートは，「作戦基地」です。

1年生は，こういうわけにはいきません。

1年生のノートは，「算数日記」だと思えば，分かりやすいと思います。

他学年の場合は，授業の最初から最後まで机の上にノートがあります。

しかし，1年生の初めの時期では，ノートは1時間のまとめとして最後に登場させます。

その場合，ブロック等必要のないものは机の上に出さないようにします。

まずは，算数の授業の最後に「ノートの時間」をつくります。

そして，その時間の重要なポイントを切り取ってノートにかきます。

②「ノートの時間」に準備するもの

「ノートの時間」には，教師の方で準備しておくものがあります。

ノートと同じ枠でかかれた小黒板です。

ノートを撮った写真を電子黒板に映してもかまいません。

左上は，黒板に小黒板を貼り付けた写真です。

右上の写真は，電子黒板にノートの写真を映し出し，そこに文字をかきこんだものです。

③「ノートの時間」の指示

子どもは，黒板に教師がかいていくことをそのまま写します。

授業の大事な場面をノートに再現します。

スペースが限られているので，授業のごく一部をかきます。

右写真の場合の指示を列挙します。

1　ノートの「1」の下に7／2ってかいて。

2　その隣の隣，「3」の下に「な」ってかいて。

3　ここまでできた人？

4　できた人は，お隣の人を見てあげて。

5　もし，かいていなかったら，「ここにかくよ」って教えてね。

6　お勉強の題名をかくよ。

7　「なんびきおおい？」とかきます。

8　ここまでかいた人？

9　早いね。

10　今挙げている手を頭に乗せて。

11　早かったからご褒美で頭をなでなでしよう。

12　次は，「かめ」ってかくよ。

13　「2」の下の下の下に「か」ってかいて。

14　できた人手を挙げて。

……

このように，一つ一つ指示と確認を繰り返します。

基本，1学期は教師の指示どおりにかかせていいでしょう。

ノートと黒板は，同じになります。

下の写真は小黒板とノートです。

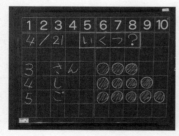

上にかいた多くの指示には，それぞれ意味があります。

「4」の指示では，隣を確認させています。

1年生は，名指しされない限り，ノートに何もかかない子がいます。

そこで，隣同士で確認します。

何もしない子も，隣の席の友達から見られることでプレッシャーになり，慌てて準備を始めます。

「8～11」までの指示では，ほめています。

これは，時間稼ぎの意味もあります。

文字をかくことに慣れていない子は，かくスピードがゆっくりです。

途中で，できているか確認したり，ほめたりして遅い子がみんなに追いつくのを待っています。

④「ノートの時間」の初日と２日目

算数初日の「ノートの時間」は，もっとやることがあります。

まず，ノートが何かを知りません。

教科書やノートというものがどれなのかを教えます。

ノートを出したら，「ぞうさんがかいてある方を出してね」等と言って，ノートを置く「向き」を指示・確認します。

そうでないと，ノートの裏からスタートする子がいます。

ノートの表表紙が見えていることを確認し，表紙を開けさせます。

まず，日付けからかきますが，全員がかけたかどうかを教師の目で確認します。

ノートを左上から使うという概念はまだできていません。

好きな場所に好きな大きさでかく子もいます。

左のページから順番に使うことも知りません。

小黒板や電子黒板にかいて写すだけでも，一つ一つ確認が必要です。

また，初めから隣同士の確認は無理です。

下は，ノート指導初日の写真です。

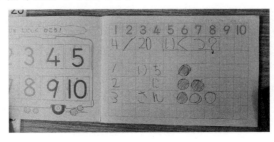

たったこれだけですが，10分くらい時間をかけて指導します。

ちなみに，〇の色を塗っているものと塗っていないものがあります。

これも時間差調整です。

早くできた子は，〇を赤鉛筆で塗っています。

算数2日目の「ノートの時間」では，どこのページを使うかを確認します。

油断すると，真ん中のページにかくこともあるので注意が必要です。

⑤作戦基地へ

　この「指示どおり」の「ノートの時間」から，高学年の「作戦基地」に徐々に移行していく必要があります。

　右のノートも1年生のものです。

　「23－2のせつめい」を1年生なりにかいています。

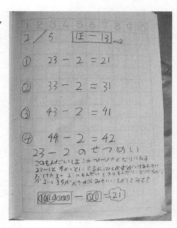

　少し，高学年のノートに近づいています。

　急に，それはできません。

　「ノートの時間」の中で，少しずつ「自分らしさ」を加味させていきます。

　下は，どれも「繰り上がりのあるたし算」の時間のノートです。

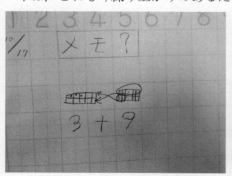

30

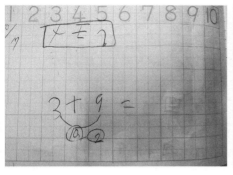
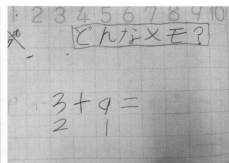

　どういう手順で計算をしたのか「メモ」をさせています。

　それぞれに違います。

　授業の終末に活動する「ノートの時間」ではなく，授業のスタートからノートが登場しています。

　そして，この「メモ」の意味を探り合う時間になっています。

　ちなみに，１年生の使うノートには横長と縦長のものがあります。

　学年に２クラス以上ある場合，学年で統一した方がいいので，同じ学年の先生と相談してから決めましょう。

　この時期から縦長という決まった時期はありません。

　子どもたちの実態で変わります。

　最近では，１年を通して横長を使うこともあります。

　「かく力」に応じて決めていきましょう。

`Point`　ノート指導

まずは，「算数日記」から始めよう。

- 「ノートの時間」をつくろう。
- 小黒板等，ノートと同じ枠のものを準備しよう。
- 「ノートの時間」は，細かく指示を出そう。
- 徐々に作戦基地へ近づけよう。

つまずきを減らす1学期からの帯活動

　自然の中で遊んだり，お手伝いをしたりといった，生活経験の差が学力に影響することが言われています。

　算数の経験知の差も大きいです。幼稚園や家庭で算数を経験している子がいる一方，全く経験したことがない子もいます。

　つまり，入学したときには，相当の学力差がついています。

　「土台」が大きく違うのです。

　1年生の授業は，そこを埋めながら組み立てる必要が出てきます。

　教室の子どもの実態にもよりますが，「土台」を揃えるための活動は1年間続きます。

　例えば，「10までの数」を学習している間に，「30までの数」を数える活動を入れるようにします。そのことで，10から先を数えたことがなかった子に経験をさせることができます。

　授業中の「10まで数える活動」を「30まで数える活動」にするだけで，時間にして1分にも満たない活動を繰り返すことで，経験不足の子どもの経験知を補うことができます。

　毎日少しの経験の繰り返しで，1年生に無理のない授業ができます。

　ここでは，3つの帯学習を紹介します。

　この「帯学習」は，バラエティー授業の大事なコーナーの一つです。

①数の読み

　1年生の授業の最初は，「10までのかず」です。

　この単元では，授業開始数分を使って「30まで読む」練習を入れます。

　生活の中では，「4月30日」や「30円」等「30」を使うわけですから，数

を数えるくらいはやっても大丈夫です。

　教科書にかいてないからやってはいけないなんてことはありません。

　むしろやっておいた方がいいです。

　前述した「10までの数え方」はバリエーション豊かでした。

　30まで数えるときも，いくつかのバリエーションがあります。

　まず，「文字」を見ながら普通に30まで数えます。

　カードかスライドを作っておくと，毎日短時間で活動できます。

　20まで「2跳び」でも数えます。

　30まで「5跳び」でも数えます。

　「2跳び」や「5跳び」は前もって経験させるといいです。

　他にも，以下のようなスライドを作り数直線で20まで読む練習もします。

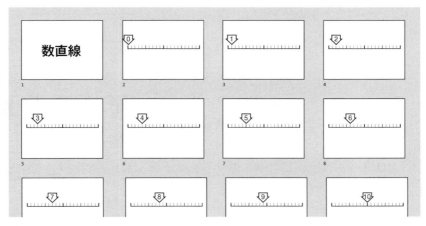

　このような数を読む練習は，1つの活動につき10秒程度で終わります。

　たくさんの活動を毎日取り入れることで，「20までのかず」の授業に入る頃は，全員が30まで数えられるようになっています。

　数えるだけではあまり面白くありませんので，「10」の後には，「まんじゅう」と言って両手を上に挙げます。

　「20」の後には，「にくじゅうじゅう」と言って，肉をがぶりとかみつき，「30」の後には「さんじゅうし」と言って，剣で天を突き刺すようなアクシ

ョンをします。

　数える活動も楽しいにこしたことはありません。

②ブロックいくつ

　「量感」を育てる時間は，教科書にも設定してあります。

　おはじきの数を数えたり，数カードを見てブロックを並べたりします。

　しかし，教科書では，1回か2回の授業でそういう活動が終わってしまいます。ところが，量の「感覚」が1回や2回の経験で簡単に身につくわけがありません。すでに，「量感」の育っている子どもがいる一方，数の「量感」が驚くほど育っていない子どももいます。

　経験知ですが，ブロックの「4」を見て，すぐに「4」と理解できない子どもは，算数で苦労します。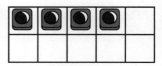

　帯学習で，毎日少しずつ「量感」を育てる時間が必要だと思います。

　私が中心に行っているのは，ブロックを見ていくつか瞬時に判断する活動です。例えば，右のブロックだと「7」です。

　ブロックを数えるのではなく，一瞬で「7」と判断する練習をします。

　やり方は2つあります。スライド（もしくはカード）とプリントでの練習です。スライドの一部を掲載します。

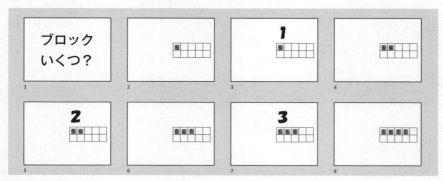

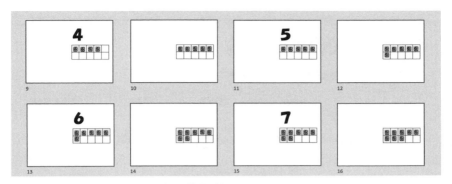

36～37ページにプリントを2枚掲載しました。

ブロックがいくつかをかくだけの簡単なプリントです。

そこには,「ヒント」という名の答えを載せています。

それを見ながらかくこともできるので,数字を覚えて間もない時期からすぐに取り組むことができます。

私は,4月に入学後しばらくしてから,毎日のようにこのプリントをやらせます。とても簡単なプリントなので,1分もかからず終わると思われるかもしれません。

しかし,この簡単なプリントを5分経っても終わらない子どもがいます。

プリントのいいところは,個別に評価できるところです。

誰が量の感覚が育っているのか,誰が育っていないのか,しっかり見極めることが,それ以降の算数の授業に大きく影響します。

できれば,全員が1分以内で終わるまでは続けた方がいいと思います。

ただし,子どもの実態がそれぞれのクラスで違います。

いつまでやらせるのかは,担任の判断です。

ちなみに,プリントは同じものを表にも裏にも印刷します。

早くプリントを終わった子は,同じことを2回やることができます。

これは,経験知を増やすとともに,早く終わる子となかなかできない子の時間差をなくす役目もあります。

月　日

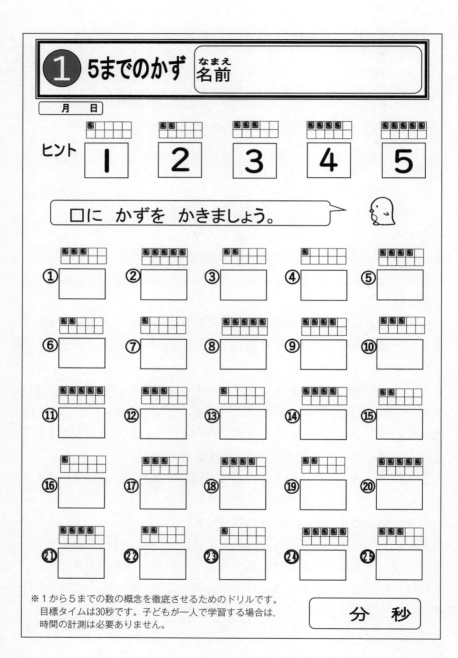

ヒント　1　2　3　4　5

□に　かずを　かきましょう。

① ② ③ ④ ⑤
⑥ ⑦ ⑧ ⑨ ⑩
⑪ ⑫ ⑬ ⑭ ⑮
⑯ ⑰ ⑱ ⑲ ⑳
㉑ ㉒ ㉓ ㉔ ㉕

※1から5までの数の概念を徹底させるためのドリルです。
　目標タイムは30秒です。子どもが一人で学習する場合は,
　時間の計測は必要ありません。

分　秒

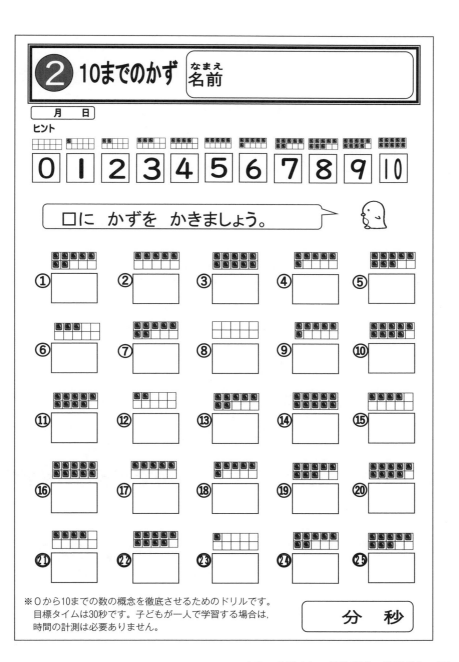

③いくつといくつ

　繰り上がりのあるたし算。

　9＋3は,「9は後1で10」であることを利用して計算します。

　「3は1と2」に分解されることも利用します。

　繰り下がりのあるひき算。

　11－8は,「10－8＝2（10は8と2）」であることを利用します。

　「1と2で3」であることも利用します。

　どちらも,分解と合成で,計算していきます。

　そのうちの「分解」を学習するのが「いくつといくつ」です。

　「5は2と3」を逆にすると「2と3で5」なので,「分解」は逆に言えば「合成」です。

　つまり「いくつといくつ」がしっかり習得できていないと,繰り上がりのあるたし算や繰り下がりのあるひき算の理解が難しくなります。

　反対に,「いくつといくつ」がしっかりできていれば,繰り上がりのあるたし算や繰り下がりのあるひき算で苦労しません。

　ちなみに,「いくといくつ」は,「ひき算」ではありません。

　市販の問題に,「9は,3とのこりはいくつでしょう」という文章を見ることがあります。

　しかし「のこり」ではありません。

　あくまで,「9を3と6」に「ジャキン」と分けたものです。

　この「ジャキン」という言葉は,子どもにしっくりくるようです。

　ブロックで操作する場合でも,スライドで見る場合でも,1つの数を2つに分ける場合,必ず「ジャキン」と言わせます。

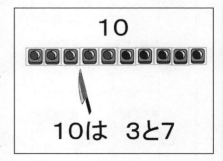

　「ジャキン」と言わせると同時に,手刀を振り下ろす動作をします。

　これも,スライドとプリントを作っています。

まず，スライドの一部を掲載します。

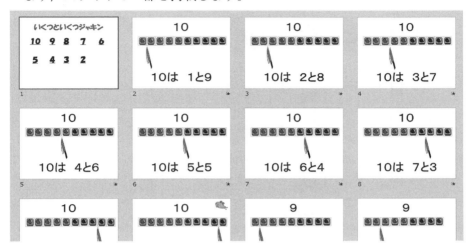

上記のスライドには，「10は1と9」等の文字が見えますが，実際は最初の段階では隠れています。

包丁が上下に動き，ブロックが2つに分かれ，その後で文字が出てきます。

「いくつといくつ」のプリントは市販されています。

しかし，市販のものは，プリント上で作業ができません。

量感が育っていない子は，指やブロックを使ってやるしかありません。

そこを補ったプリントを作っています。

右はプリントの一部です。

「10はいくつといくつ」の問題の上に○が10個並んでいます。

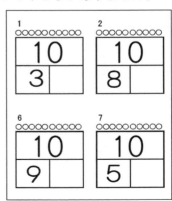

1問目は，10は3といくつです。

その場合，3個目の○の横でジャキンをします（鉛筆で線を引きます）。

すると，線の横の○の数が「10は3といくつ」の答えになります。

いくつといくつ

1	2	3	4	5
10 / 3	10 / 8	10 / 1	10 / 7	10 / 6

6	7	8	9
10 / 9	10 / 5	10 / 4	10 / 2

10	11	12	13	14
9 / 3	9 / 7	9 / 4	9 / 2	9 / 6

15	16	17
9 / 1	9 / 5	9 / 8

18	19	20	21	22
8 / 4	8 / 6	8 / 7	8 / 3	8 / 1

23	24
8 / 2	8 / 5

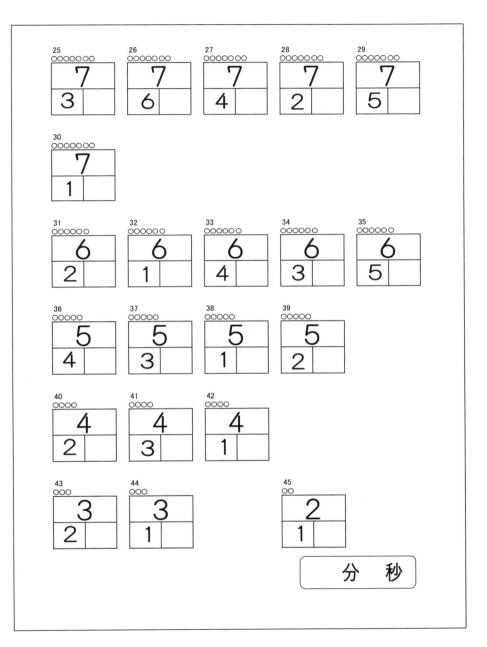

2章

つまずきポイントにアプローチ！
小学1年
算数の楽しい指導

01

「なんばんめ」の授業を
インパクトの強いものに

「なんばんめ」のテストに以下のようなものがあります。

・ひだりから　3ばんめに　○を　つけましょう。

・ひだりから　3びきに　○を　つけましょう。

間違いの多い問題です。

間違いを減らすために，問題文の「め」を○で囲んだりするのですが，なかなか間違いが減りません。

間違いを減らすには，まず，授業のインパクトをもっと強くすることです。

「何番目」の学習をする場合，上のように動物が並んでいたり，果物が並んでいたりします。

そして，「うさぎは，左から何番目でしょう」のような問いかけをします。

これでは，インパクトが小さいです。

「何番目」という言葉を教師から言ってしまっています。

「何番目」という言葉が，子どもから自然に出てくるように仕向けると，インパクトの強い授業になります。

こういうときは，発想を変えて，全部同じ動物にしてしまいます。

動物のカードを作り，黒板に貼ります。

そして，「当たりはどれでしょう？」と尋ねます。

この瞬間に，ザワザワと子どもの心が動き始めます。

「当たり」のカードには裏にシールが貼ってあることを伝えます。

「真ん中」という言葉を使わせないために，カードは偶数にします。

両端は「一番右」「一番左」という言い方ができます。

子どもたちは，それ以外の4か所をなんとか言葉で表そうとします。

すると，子どもの方から，「右から3番目」とか「右から2番目」という言い方をするようになります。

子どもが言った「右から3番目」はどこなのか，他の子を指名し，カードを裏返しにさせます。

そうやって，言葉と位置をつなげていきます。

当然，正解が出たらみんなで喜びましょう。

その後，「右から3番目」という言い方をみんなで復唱します。

当たりの場所を変えて，くじびきを繰り返します。

次の時間は「右から3匹」の授業です。

前の時間と全く同じように同じカードを並べます。

しかし，シール付きカードの数を「右から○匹」にしたり「左から○匹」にしたり複数にしておきます。

当たりが何個も出てきて，子どもたちは大喜びです。

すべてのカードの裏（当たりの場所）を確認し，尋ねます。

「当たりは，どこにあった？」

すると，子どもの方から「右から○匹」という言葉が出てきます。

子どもから言葉が出てくるようにすることで，インパクトの強い授業になります。

Point　アプローチ01

子どもから言葉が出るインパクトの強い授業にしよう。

「なんばんめ」の授業の習得には
ヒツジを使う

　子どもから「何番目」という言葉を引き出し，インパクトの強い授業をします。

　しかし，たった１回や２回の授業で，教室の全員が「何番目」という言葉と「位置」を明確につなげることは難しいです。

　必ず，「できない子もいる」と思って習得の時間をとりましょう。

　授業をして，次の時間に２，３分の時間をとり復習の時間にします。

　45分の授業で２，３分です。

　短く復習できるように，カードもしくはスライドを作ります。

　私はスライドを作っています。

　下のようなものです。

　このスライドを見て，「右から３ばんめ」と言わせます。

　ただ，そのまま言ったのでは，面白くありません。

　そこで，まるでヒツジになった気分で「右から３ばんメ〜」と言わせます。

　できるだけヒツジに似せて，「メ〜」と伸ばして言います。

　その「メ〜」に合わせるようにスライドに，イラストが登場します。

　このイラストの登場で，子どもたちはのりのりになって「メ〜」と言います。

　ところが，下のように「右から３匹」の問題は，「メ〜」が出てきません。

　それでは面白くないので，下のイラストを登場させます。

　「右から３匹」に加え「メ〜じゃない」と言って，首を横にプイッと向かせます。１年生がこれをやるとものすごくかわいいです。

Point　**アプローチ02**

「メ〜」と「メ〜じゃない」入りのスライドを作ろう。

03

「○時」と「○時半」を読んでみよう　その1
細切れ授業を取り入れよう

　2学期の「○時」と「○時半」を読む授業です。

　この単元には，大きなポイントがあります。

　「45分を細切れにする」ことです。

　算数ではありませんが，自転車に乗ることができるまでには，毎日コツコツと練習をしたと思います。

　それと同様に，時計の学習45分を「毎日コツコツ型」にします。

　「5分×4回と10分×1回と15分×1回」に分けます。

　まず，別の単元の最初に時計を読む練習を5分だけとります。

　バラエティー授業おなじみの帯学習にします。

　それを4日間繰り返します。

　5日目は，10分でどれくらい定着しているかを確認します。

　そして，最後の6日目に15分の授業をします。

　その15分は，「主体的・対話的で深い授業」です。

　合計45分の計画です。まとめると，以下のようになります。

1日目　5分の授業（他の単元の最初に）

2日目　5分の授業（他の単元の最初に）

3日目　5分の授業（他の単元の最初に）

4日目　5分の授業（他の単元の最初に）

5日目　10分で確かめ（他の単元の最初に）

6日目　15分で時計の授業（他の単元の最初に）

図にすると以下のような感じです。

教科書		細切れ授業					
45分		5分	5分	5分	5分	10分	15分
時計の授業	⇒	時計以外の授業					

　教科書会社は，45分を単位にして単元計画をつくっています。

　それは，仕方がないことです。

　しかし，現場では，45分単位では対応できないことがあります。

　私の力量では，45分の１本で時計の「○時」と「○時半」を読ませることはできません。

　何度か１年生を経験してやっと分かりました。

　時計の学習は，まず45分１本勝負で授業することをやめるところから始めなくてはいけません。

　これは，私にとっては，最高の発見でした。

　真面目な教師ほど，教科書どおりに授業を進めようとします。

　若い教師ならなおさらです。

　教科書を疑うことすらしないと思います。

　そのために，「時計」という単元は，難しい単元と感じられるのです。

Point　アプローチ03

授業内容を45分の細切れにして授業しよう。

04

「○時」と「○時半」を読んでみよう　その2
スライドを読む活動をしよう

最初から4時間目までの4日間にする帯学習の内容をかいていきます。

5分で行う活動は，大きく2つです。

「スライドを読む活動」と「プリントをする活動」です。

ここでは，スライドを読む活動から説明します。

使うスライドは24枚です。

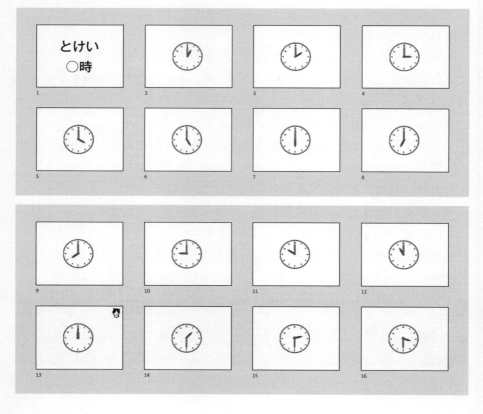

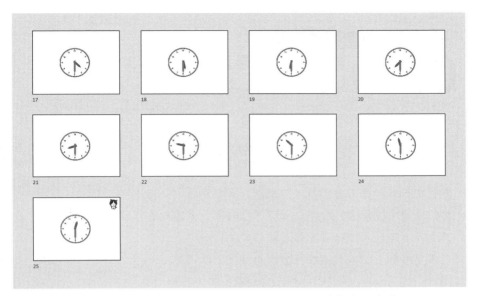

　フラッシュカードのように，次々とスライドの画面を出します。

　子どもは，それを見て，初めの12枚は「○時」，後の12枚は「○時半」と読んでいきます。

　スライド1枚に読む時間1秒としても，使う時間はたった24秒です。

　この活動では，長針の位置を「体の動き」を入れて確認します。

　1時から読み始めて12時まで読んだ後，教師が言います。

「ちょうど何時は，長い針が？」

　この問いに，子どもたちは「上〜」と言いながら，両手を上に挙げます。

　また，12時半まで読んだとき，「何時半は，長い針が？」の問いに，子どもたちは，「下〜」と言いながら，両手を下に下げます。

　体を使って楽しく長針の位置を確認します。

Point　アプローチ04
体を使って，楽しくスライドを読もう。

単元：とけい（1）

「○時」と「○時半」を読んでみよう　その3
プリントをしよう

1　スライドと同じ内容のプリント

5分で行う活動の2つ目は，プリントです。

時計を見て，「○時」もしくは，「○時半」と答えるだけのプリントです。

スライドで読んでいるものと同じです。

このプリントには大きな特徴があります。

「ヒント」という名前の「答え」が載っているのです。

（下「○時」のプリント）

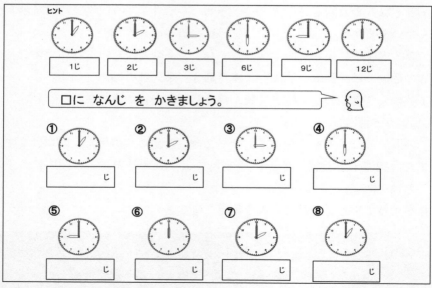

これだと，誰でもできます。

カンニングし放題です。

何時か分からない子は,「ヒント」を見ながら答えをかけばいいのです。

このプリントを使うときは, 子どもに見えるようにタイマーをかけます。

子どもは, できた時間を記入し, 記録を残します。

プリントに, 記録する箇所があります。

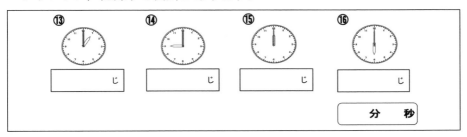

記録が伸びることで, 意欲につながります。

昨日は, 1分20秒だった記録が, 1分でできるようになると「昨日の自分に勝った」ことになります。

また, 記録を伸ばしたい子は, 時計の読みかたを覚えようとします。

初めは読めなくても, 少しずつ読めるようになります。

この記録は, あくまで, 自分の成長を確認させるためのものです。

友達と比較させてはいけません。

私は, このプリントで最高2分しか時間をとりません。

2分経ったら, 終わっていなくても終了です。

スライドとプリントと答え合わせをしても5分以内に終わります。

加えて, プリントの印刷にはコツがあります。

このプリントは, 裏表, 全く同じものを印刷します。

早く終わった子は, 裏面もします。

つまり, 同じことを2回繰り返します。

時計の授業が始まって, 最初の4日間のうち,「○時」のプリント1を2日,「○時半」のプリント2を2日やります。

5分を少しオーバーしますが,「プリント1」と「プリント2」を4日や

れば，効果はさらに上がります。

「○時半」のプリントは，以下のような感じです。

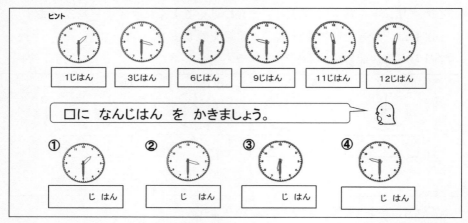

プリントをする２分間，教師がぼーっとしているのはもったいないです。

なかなかできない子を探し，必要があれば，個人指導をします。

習得の様子の見極めが，プリントをする活動で一番大事なところです。

スライドを使った活動は，見ているようで見ていない子どもが必ずいます。

スライドを読む活動で，「○時」「○時半」がイメージできている子は，「ヒント」を見ずに答えを書いていくことができます。

しかし，ずっと「ヒント」を見て答えを書く子は，「○時」と「○時半」のイメージができていません。

長針の位置や短針の位置など，個別に指導をする必要があります。

2　ミニテスト

スライドとプリントの４日間の後，５日目はミニテストをします。

どの子が，理解できているかをさらに確認するためのプリントです。

表が普通のテストで，裏は難問になっています。

難問を入れているのは，時間調整の意味が大きいです。

どうしても,「早く終わる子」と「時間のかかる子」がいます。

早く終わる子のためにも,少し難しい問題を入れておくと意欲にもつながります。

難問は,以下のようなものです。

時計が鏡に映ったように反転しています。

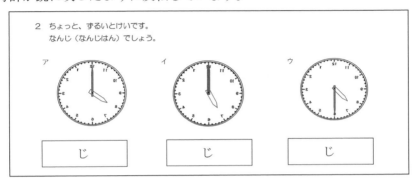

難問入りのプリントをいくつも作り,実践して感じたことがあります。

難問を解くことで,基礎基本の力がつきます。

また,学校の授業内容では,物足りなさを感じる「ふきこぼれ」(落ちこぼれの逆)の子にも有効です。

算数が得意な子のための授業をするのは,なかなか難しいです。

得意な子中心の授業では,算数が苦手な子がついてこれません。

でも,プリントなら算数が得意な子へも対応できます。

ちなみに,難問は「解いても解かなくてもいい」ことにしています。

無理に解かせる必要はありません。

そして,最後にはイラストの模写を入れています。

このイラストは,今後の「何時何分を読む」授業で生きてきます。

Point **アプローチ05**
2種類のプリントで子どもが理解できているか見極めよう。

月　日

ヒント

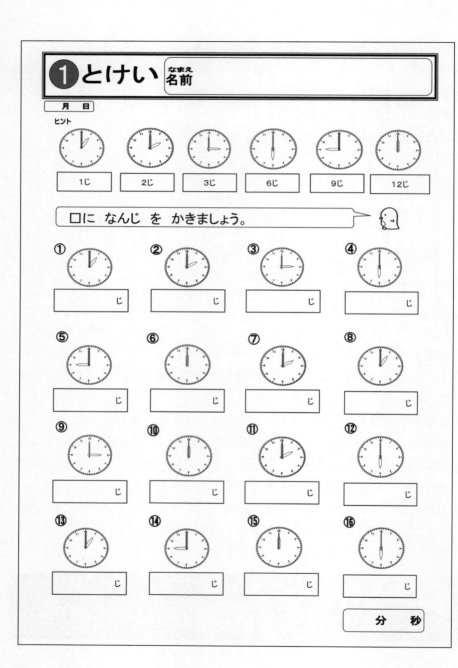

| 1じ | 2じ | 3じ | 6じ | 9じ | 12じ |

□に　なんじ　を　かきましょう。

① 　　　じ

② 　　　じ

③ 　　　じ

④ 　　　じ

⑤ 　　　じ

⑥ 　　　じ

⑦ 　　　じ

⑧ 　　　じ

⑨ 　　　じ

⑩ 　　　じ

⑪ 　　　じ

⑫ 　　　じ

⑬ 　　　じ

⑭ 　　　じ

⑮ 　　　じ

⑯ 　　　じ

分　　秒

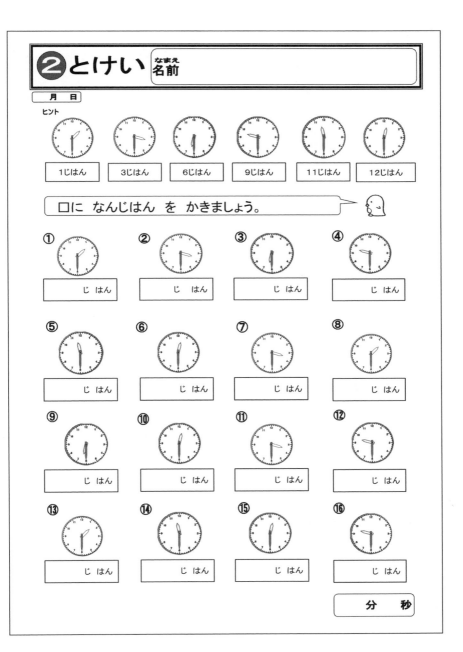

❷ とけい

月　日

ヒント

| 1じはん | 3じはん | 6じはん | 9じはん | 11じはん | 12じはん |

□に なんじはん を かきましょう。

① じ　はん

② じ　はん

③ じ　はん

④ じ　はん

⑤ じ　はん

⑥ じ　はん

⑦ じ　はん

⑧ じ　はん

⑨ じ　はん

⑩ じ　はん

⑪ じ　はん

⑫ じ　はん

⑬ じ　はん

⑭ じ　はん

⑮ じ　はん

⑯ じ　はん

分　　秒

とけいドリル

1　なんじ（なんじはん）でしょう。

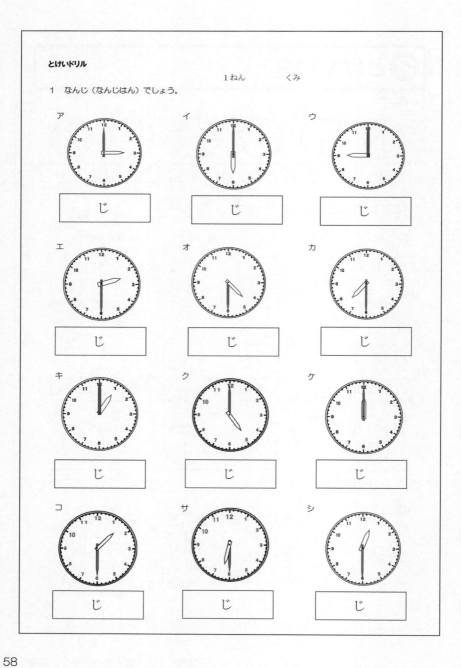

ア
じ

イ
じ

ウ
じ

エ
じ

オ
じ

カ
じ

キ
じ

ク
じ

ケ
じ

コ
じ

サ
じ

シ
じ

58

2 ちょっと、ずるいとけいです。
　なんじ（なんじはん）でしょう。

ア

じ

イ

じ

ウ

じ

エ

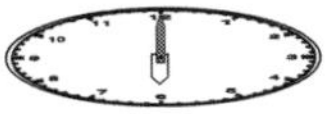

じ

オ

じ

カ

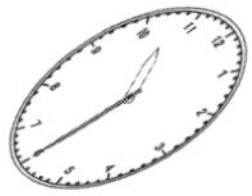

じ

むずむずもんだい

ア

じ

イ

じ

3 じいちゃんと ふうちゃんの イラストを かきましょう。

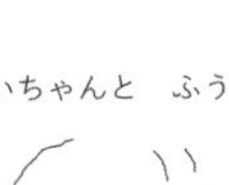

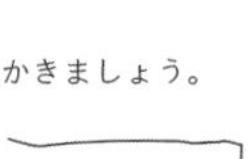

「○時」と「○時半」を読んでみよう　その４
時計の授業をしよう

　45分細切れ授業の最後の日は，少し長く時間をとって，授業らしい授業をします。

　前述した右の図の一番右の15分の授業になります。

教科書		細切れ授業					
45分		5分	5分	5分	5分	10分	15分
時計の授業	⇒	時計以外の授業					

　まず，スライドで「○時」と「○時半」を読みます。

　ミニテストでよくできなかった子を指名して読ませます。

　その後，右の時計を掲示します。

　紙に印刷し，黒板に貼りつけます。

　時間の数字もなければ，分の目盛りさえありません（間違って掲示しないよう12だけはつけています）。

　これで，「何時？」と問うと，子どもたちは大騒ぎです。

　心がザワザワする時間です。

　「分からない」という子がいる一方で，「分かりそう」という子も出てきます。

　「長い針が上だから，ちょうど何時になるよ」と一人の子が気づきます。

　そして，短い針が３と６の間であり，４より５に近いことに気づきます。

　数字や目盛りがなくても「５時」だと分かります。

　そして，実際，デザイン性を重視し，数字も目盛りもない時計があることを映像で確認します。

「数字も目盛りもない時計」と検索すれば，ネット上にいくつものおしゃれな時計が見つかります。

　この事実は子どもを興奮させます。

　「時計」に興味をもってもらうのが一番です。

　興味をもった子の中には，「〇時」や「〇時半」だけでなく，「〇時〇分」を読みたいと思う子が出てきます。

　そうなると，3学期の「〇時〇分」の学習が楽になります。

　ちなみに，授業15分後の時間の使い方は，いろいろ考えられます。

　一番考えられるのは，それまでメインで続けてきた他の単元の授業です。

　しかし，たっぷりと時計の授業を45分行うこともできます。

　先ほどの時計の前に右の2つの時計を順番に出していきます。

　少しずつ時計の目盛りを減らし，難しくするイメージです。

　2つの活動で，子どもと確認していくのは，数字の位置です。

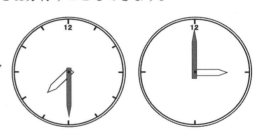

　2つの時計（右図）が3つ目の時計（前ページ）のヒントになります。

　翌日にテストをします。

　45分1本勝負で授業するより，点数は高くなっていると思います。

　このやり方にして，時計のテストで平均点が90点を下回ったことはありません。

　3つの時計の資料は，62〜63ページに掲載しています。

Point　アプローチ06

時計の授業で数字の位置を再確認，時計に興味をもたせよう。

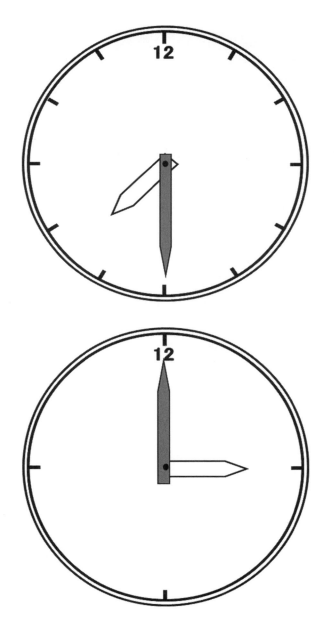

単元：くりあがりのあるたしざん

繰り上がりのあるたし算は誰でもできる　その1
さくらんぼ計算はなぜ忘れるのか

1　さくらんぼ計算はなぜ忘れるのか

　算数が苦手な子は，さくらんぼ計算ができるようになっても，すぐ忘れてしまいます。

　まず，そのわけについて考えましょう。

　それが，「繰り上がりのあるたし算」ができるヒントになります。

　「さくらんぼ計算は難しい」とよく言われます。

　「せっかく覚えたのに，しばらくすると忘れていた」という話もよく聞きます。

　それらには，2つの理由があります。

　1つ目の理由が，「2つの基礎的な力が身についていない」です。

　まず，繰り上がりのあるたし算の「さくらんぼ計算」の手順を確認してみましょう。

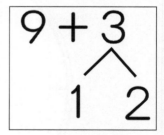

　繰り上がりのあるたし算の「さくらんぼ計算」は，「10に対する補数」の考え方を使って計算しています。

　「10に対する補数のたし算」の考えを使った計算手順を説明します。

　「繰り上がりのあるたし算」の学習で，多く使われる数値は「9 + 3」なので，その式で説明します。

　「9 + 3」は，「10」を超えそうです。

　まず，「9」を使って，「10」をつくります。

「9」は，後「1」あれば「10」になれます。

そこで，「9＋3」の「3」を分解し，「1」と「2」にします。

「9＋3」→「9＋1＋2」となります。

「9＋1＝10」なので，「9＋1＋2」→「10＋2」。答え「12」です。

「3を1と2」に分けることを「分解」と言います。

「9と1で10」を「合成」と言います。

「分解」と「合成」をして，「9＋3」を「10＋2」に「変換」させるのが「10に対する補数のたし算」の考えを使った計算方法です。

この考え方は，とても便利な考え方です。

応用が利きます。

例えば，「98＋25」を計算する場合に応用できます。

「98」は，あと「2」で「100」になります。

「98＋25→98＋2＋23→100＋23＝123」とできます。

「98」も「25」も2桁だからとすぐに筆算をせずに，少し工夫するだけで簡単に暗算できます。

だから，「繰り上がりのあるたし算」の学習をするにあたり，「10に対する補数」の考えは，知っておいて損はありません。

しかし，ここに落とし穴があります。

9＋3→10＋2→12。

便利なはずのこの計算手順を便利と感じない子どもたちがいます。

①その1 「10に対する補数」がサッと出てこない子どもたち

まず，「10に対する補数の考えを使った計算」をするためには，「10に対する補数」がすぐに分からなければいけません。

「9＋3」の計算の場合，10に対する補数は「9」であれば「1」です。

それがサッと出てこなければ，「10に対する補数を使ったたし算」は，簡単にできません。

この時点で，指を折って数えたり，○をかいて数えたり，ブロックを並べ

たりしているようでは，「10に対する補数の考えを使ったたし算」は，便利な計算ではなくなります。

②その2　「10＋2＝12」がすぐに出てこない子どもたち

「10＋2＝12」……。

たとえ1年生であっても誰でもできそうです。

でも，そうではありません。

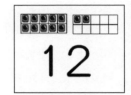

「10＋2＝12」が，サッとできない子は，どのクラスにも1割程度はいるのではないかと思います。

確実な統計ではなく，経験知です。

「10」のブロックと「2」のブロックを見て，「12」と言うことはできます。

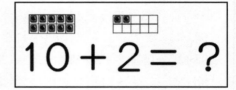

しかし，「10」と「2」で「12」というのと，「10＋2＝12」は，算数が苦手な子にとっては，不思議なことに別物のようです。

算数が苦手な子というのは，そのくらい計算のイメージができません。

数を「量」として捉える力が未熟とも言えます。

つまり，「9＋3」を「10＋2」と変換する作業の分，やるべき作業が増え，間違えるリスクが高くなります。

教師は，「10＋2＝12」をすぐにできない子を見逃すことがよくあります。

「10＋何＝10何」ここは，一つの壁です。

まとめます。

「10に対する補数」を使った「繰り上がりのあるたし算」は，「10に対する補数」が暗記できていない子，「10と2で12」がすぐにできない子には，面倒で難しい計算になります。

ただ，この基礎的な力は，簡単そうに見えてなかなか身につけることは難

しいです。

できる子には,「超」が付くほど簡単なのに,できない子にとってはなかなかできない高い壁です。

毎日,少しずつ,基礎力を上げるための活動が必要となります。

2 さくらんぼ計算と手順の唱和の難しさ

「9＋4」の場合,「10に対する補数」をつくるとき,「4を1と3」に分けて考えます。

それを,図式化したものがさくらんぼ計算です。

計算手順を「メモ」することで,計算ミスがないように補助しています。

小学校の算数を扱っている教科書会社は6社ありますが,「さくらんぼ計算」の形はどこも違います。

まず,一番シンプルなものが右です。

「たす数」(加数)の「4を1と3」に分解しただけのものです。

その後の計算は,念頭操作することになります。

下のさくらんぼ計算は,「9と1で10」をつくるところまで入っています。

そこまでを図式化したものが以下の2つです。

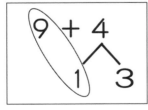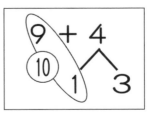

中には,もっと複雑なものもありますがここでは割愛します。

さて,さくらんぼ計算には,手順がありました。

「10に対する補数の考えを使ったたし算」の手順です。

次のさくらんぼ計算を使って説明します。

再確認します。

「9＋4」をします。

「9」は，「あと1で10」です。

「4」を「1」と「3」に分けます。

「分解」です。

「9と1で10」です。

「合成」です。

「10」と「3」で「13」です。

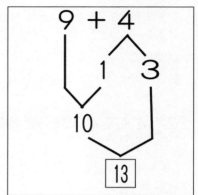

ここも，「合成」です。

なかなか大変な手順です。

そこで，多くのクラスでは，この手順を忘れないように，唱和しながら計算していると思います。

教科書会社6社とも「計算の手順」が掲載されています。

手順を忘れないように「唱和」することが，教科書の説明書では勧められています。

この手順の言葉も教科書会社で微妙に違うのですが，その中の一例を挙げます。

9＋4

9はあと1で10

4は1と3

9と1で10

10と3で13

これは，単に「手順」を表しているだけではありません。

「手順」を暗記するため「唱和」の活動までも含めて掲載してあると思った方がいいです。

たった，４つのステップですが，１年生にとってこれを習得するのは簡単ではありません。

　この４つのうち，３つは「分解」と「合成」を表した言葉です。

　ただ，「分解された数」「合成された数」がどうつながっていくのか分かりづらいです。

　特に「４は１と３」は，なぜ「１と３」なのか，算数が苦手な子には分かりにくいです。

　「なぜその作業をするのか」が分からずに「分解」「合成」を行うため，計算が「ただの作業」になってしまいます。

　しっかり習得させようと「さくらんぼ計算」の練習を繰り返すほど，「作業」になっていきます。

　数を「分解」「合成」するだけの「作業」です。

　この「意味のない作業の連続」がさくらんぼ計算を忘れてしまう理由の２つ目です。

　１年生は，暗記が得意です。

　中には，意味が分からなくても「作業」できる子がいます。

　でも，しばらくすれば忘れるのです。

　さくらんぼ計算は，「分解」「合成」を「なぜ行うのか」分かっていなければ，しばらくすると記憶からなくなっていきます。

Point　アプローチ07

以下の理由で「繰り上がりのあるたし算」のさくらんぼ計算は難しい。

1　２つの基礎的な力が身についていない。

　①10の補数がすぐに出ない。

　②10＋何は10何がすぐにできない。

2　さくらんぼ計算が意味のない作業になっている。

単元：くりあがりのあるたしざん

繰り上がりのあるたし算は誰でもできる　その２
さくらんぼ計算から
「もらって10メモ」へ

1　さくらんぼ計算から「もらって10メモ」へ

---

9 + 4
9はあと1で10
4は1と3
9と1で10
10と3で13

この言葉は，教科書会社によって微妙に異なります。

ですが，どこの会社のものもだいたい同じです。

「合成」と「分解」の言葉です。

さくらんぼ計算が「ただの作業」になる原因は，この言葉ではないかと感じました。

「なんのために」数を「分解」「合成」するのか，分かりやすい言葉に変えた方がよいと思いました。

そこで，自分なりにつくり直しました。

それが以下です。

---

9 + 4
9は，1もらって10
4は，1あげて3

10と3で13

　この言葉が授業で出ると，子どもたちは，さくらんぼではない自分たちの「メモ」をするようになりました。

　そして，現在，私のクラスの授業では，「さくらんぼ計算」は存在しなくなりました。

　メモも子ども次第です。

　全員統一ではありません。

　メモの一例を挙げます。

　本当に，「メモ」程度です。

$$9 + 4 = 13$$
10　　　3

　「9」の下に，小さく「10」，「4」の下に小さく「3」です。

　「分解」と「合成」というより，「9 + 4」から「10 + 3」への変換，というイメージです。

　授業中，この「メモ」をした子の考えをみんなで共有したとき，黒板上では，紙に印刷したブロックを2つ使っています。

　紙製のブロックは，本物のブロックと違い，簡単に動かせないのがいいところです。

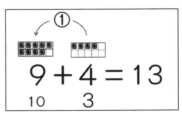
①
$$9 + 4 = 13$$
10　　　3

　「元の姿」が明確ですし，「移動」も「矢印」などに頼らなければいけません。

　すると，「考え」が「目に見える」のです。

　こういう簡単な「メモ」なら，テストのときでも使えます。

　練習問題が10問あっても，「メモ」なら苦になりません。

　「もらって10」をつくるメモなら，イメージしやすく忘れにくくなります。

2　加数分解と被加数分解をどうするか

　「10に対する補数のたし算」のさくらんぼ計算で難しいと言われるのが加

数分解と被加数分解です。

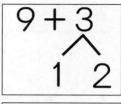

加数とは,「9 + 3」の場合,「3」です。

加数は,易しい言い方にすると「たす数」です。

加数分解するとき,「3を1と2」に分けます。

「9 + 3」のように,被加数が大きい場合は,

「3を1と2」に分けるのが簡単です。

ただし,「5 + 8」のように加数が大きい場合は悩みます。

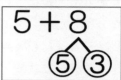

「9 + 3」の場合と同じように加数分解すると「8を5と3」に分けます。

ただ,「5と8」の場合,「10」に近いのは「8」の方です。

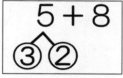

前にある「5を2と3」に分けた方が数の移動が小さくて済みます。

ブロックで考えるとすれば,移動するブロックが少なくて済みます。

そういう考えのもと「5を2と3」に分けるのが被加数分解です。

教科書にも登場します。

ここで,授業者は困ったことになります。加数分解のさくらんぼ計算を覚えたばかりで被加数分解をやると,子どもが混乱するのです。

1年生を多く経験した先生ほど,被加数分解をやるかやらないか悩まれた経験があると思います。

また,新たな作業手順を覚えさせなくてはいけないからです。

新たに覚えるだけならまだしも,折角覚えた加数分解さえ,混乱してしまい,できなくなる恐れがあります。

そこで,被加数分解の登場に,教師がとる方法は2つに1つです。

・被加数分解はしないと決める。

・教科書に載っているので,混乱覚悟で被加数分解の授業をする。

実は，この混乱の原因も「意味のない作業だけ」でさくらんぼ計算をやってきたためです。

　「もらって10」をつくるのであれば，そんなに抵抗はありません。

　「8の空き部屋」に「5から2あげる」だけでいいのです。

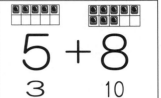

3　テストをどうするか

　人に「もらって10」を紹介したとき，よく質問されることがあります。

「テストはどうしますか？」

　この質問の意味は以下です。

　市販のテストでは，「さくらんぼ計算」の計算手順を問う問題があります。

　多くは，穴埋め式のものです。

　次のような感じです。

---

9 ＋ 4

9はあと□で10

4は1と□

9と1で□

10と□で13

$$9 + 4$$
$$① \quad ③$$

　つまり，市販のテストの問題に出てくるので，教科書どおりの「さくらんぼ計算」でないと，テストのときに困ると言うのです。

　しかし，この手順は，「さくらんぼ計算」と捉えるより，「10に対する補数の考えを使ったたし算」の手順と捉えることができます。

　「もらって」と「あげて」の意味が分かっていれば，解けます。

　ただ，1年生の場合，「問題の意図」が分からずにテストができない場合

があります。

　そこで，私の場合，「さくらんぼ計算」を提示して，「このメモをかいた人の考え方が分かりますか」という授業をしています。

　その時間は「もらって，あげて」だけでなく，「9はあと1で10」「4は1と3」等の言葉も補足します。

　その時間までの単元の大まかな構成は以下です。

1　自分なりのやり方で，「繰り上がりのあるたし算」をします。
2　「10に対する補数」を使った計算方法の学習をします。
　　最初の時間は「9＋○」のみを扱います。
3　「10に対する補数」を使った計算方法の学習をします。
　　次の時間は「8＋○」のみを扱います。
4　友達の「メモ」について，考え方を学びます。
5　「さくらんぼ計算」を「メモ」の一つとしてやり方を考えます。

　市販テストに出る穴埋め式の問題に，1年生の子どもは慣れていません。

　一度は，プリント等をさせる方が無難です。

　この手立てで，十分にテストに対応できています。

4　授業で気をつけること

　上に，大まかな単元構成を書いています。

　私は，まず「9＋○」だけを扱い，「1」の移動で10ができるイメージをつくります。

　「9は1もらって10」

　このイメージをしっかりつくることが大事です。

　「9＋○」の問題を簡単と感じるほどにやらせます。

　簡単と感じるようになって初めて，「便利な計算方法」と感じるからです。

授業の終盤にプリントをやりますが,「9＋○」の計算だけにします。

　次の時間には,「8＋○」だけを扱い,「2」の移動で10ができるイメージをつくります。

　プリントを資料として掲載します（p.76〜p.79）。

　資料の1枚目・2枚目は「9＋○」の学習時に使うプリントです。

　表裏に印刷して使います。

　3枚目・4枚目は「8＋○」の学習時に使うプリントです。

　同様に,表裏に印刷して使います。

　紙ブロックは,お勧めの教具です。

　私は,0〜10までを10枚ずつほど印刷し,裏に磁石を貼っています。

　応用的な使い方として,「9」のブロックを「10」にしたり,「3」のブロックを「2」にする方法を説明します。

　多めに印刷し,ブロックを1つ分ずつ切り離しておきます。

　その切り離したブロックを「9」のブロックの「空いたスペースに置く」と「10」になります。

　また,ブロックと同じ大きさの真っ白の紙を用意します。

　その白い紙を「3」の上に置くと,ブロックが一つ減って「2」に見えます。うまく置くと,マジックに見えます。

 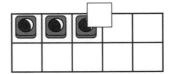

Point　アプローチ08

さくらんぼ計算から「もらって10メモ」へ。
さくらんぼ計算は一つの考えとして扱う。
紙ブロックは思考が見えるお勧め教材。

1　□　に　こたえを　かきましょう。

①

9 + 2 = □

②

9 + 3 = □

③

9 + 4 = □

④

9 + 5 = □

⑤

9 + 6 = □

⑥

9 + 7 = □

⑦

9 + 8 = □

⑧

9 + 9 = □

2 けいさん しましょう。

① $9+3$ ② $9+6$

③ $9+5$ ④ $9+2$

⑤ $9+7$ ⑥ $9+4$

⑦ $9+9$ ⑧ $9+8$

むずむずもんだい

⑨ $9+9+9$

ちょうむずもんだい

⑩ $9+9+9+9+9$

3 とおちゃんの イラストを かきましょう。

1　□に　こたえを　かきましょう。

① 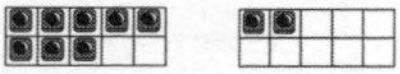 8 + 2 = □

② 8 + 3 = □

③ 8 + 4 = □

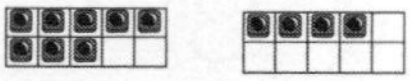

④ 8 + 5 = □

⑤ 8 + 6 = □

⑥ 8 + 7 = □

⑦ 8 + 8 = □

⑧ 8 + 9 = □

2 けいさん しましょう。

① $8+3$　　② $8+6$

③ $8+5$　　④ $8+2$

⑤ $8+7$　　⑥ $8+4$

⑦ $8+9$　　⑧ $8+8$

むずむずもんだい

⑨ $8+8+8$

ちょうむずもんだい

⑩ $8+8+8+8+8$

3 とおちゃんの イラストを かきましょう。

09 「影絵は色板何枚か？」が
分かるために

1 「影絵は色板何枚でできていますか」の問題が難しい理由

「かたちづくり」という単元があります。

その中に，面構成の授業として「影絵遊び」があります。

下のような図が登場します。

「影絵の部分は，色板何枚でできているでしょう」

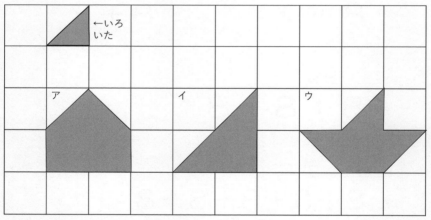

この問題，なかなかできません。

それは，単元の途中でいきなりハードルが上がるからです。

1時間目と2時間目には，ルールの大きな違いがあります。

1時間目は，自由に色板を並べて「かたちづくり」をします。

なんの規制もなく，色板を自由に並べることができます。

でも，2時間目は，いきなり方眼が登場します。

方眼の中に作られた影絵は，色板何枚でできているかを考えます。

自由に置く場合，直角を上にして置いても大丈夫です。

しかし，方眼がある場合は，前時と同じ置き方ができません。

色板の直角の部分を方眼の角に合わせなくてはいけません。

この並べ方は，意外と難しいです。

苦戦する子どもは多いです。

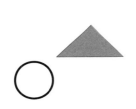
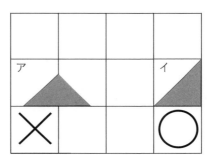

教科書では方眼に置く経験なしに，いきなり「影絵遊び」になります。

ハードルが一挙に上がります。

また，1時間目は，色板同士がいろんな接し方をしても許されます。

でも，2時間目は違います。

方眼の幅と色板の同じ辺の長さをピッタリと合わせておかなくてはいけません。

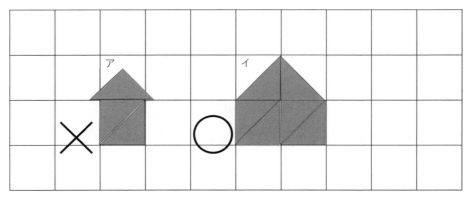

つまり，前ページ左図アのような置き方はできません。

方眼の幅と三角形の辺が，合っていません。

図イのような置き方をしなくてはいけません。

一度も方眼上に色板を置いた経験がない中で，１時間目と２時間目にこのようなルールの差と難易度の差があります。

このことが，「できる・できない」をさらに大きくしていると感じます。

そこで，１時間目と２時間目の間を埋める活動が必要です。

2 「方眼並べの活動」と「クッションの形」でハードルを下げる

「影絵遊び」のポイントは，影絵の中に見えないはずの色板が頭の中に見えるかどうかです。そのために，３つのステップがあります。

１つ目は，自由に並べる色板並べだけでなく，方眼に並べて遊ぶ「方眼並べの活動」を入れることです。

このことで，「方眼に並べる」という経験ができます。

「影絵遊び」の前に，「方眼の線にそって並べる」という難しいルールをこの時点でクリアしておきます。

２つ目は，方眼並べと問題になる影絵の間にクッションとなる形を入れることです。

そのクッションの形は，色板２枚で作ります。

２枚で作ることができる形は３種類です。

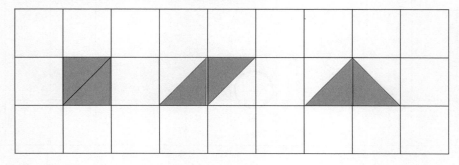

この２枚の形３つが，影絵は色板何枚かを見つけるヒントになります。
図式化すると，以下のような感じです。

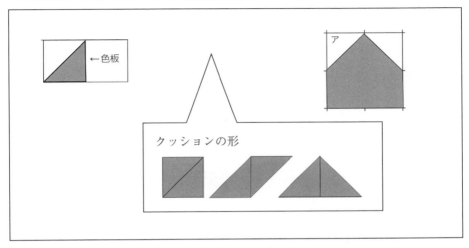

図アが色板何枚なのかは，難しい問題です。

そこで，影絵の中から，「クッションの形」が見えないか探します。

そして，見つけたクッションの形をヒントに枚数を予想します。

クッションの形を作るまでを１時間目にしておきます。

このクッションの形は，授業中で行われる話し合いの「キーワード」にもなります。そこで，３つの形に名前を付けておきます。

本来は，子どもに「何に見える？」と尋ねて名前を付けます。

例えば，一番左から，四角，滑り台，山とします。

そして，「影絵遊びの時間」は影絵の中から上の３つの形を探します。

例えば，下の図の中に上のクッションの図が入っていないか探します。

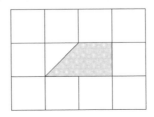

図を提示して，子どもに尋ねます。

「この中に，四角か滑り台か，山は見えませんか」

子どもは，口々に言います。

「山が見えた」「四角が見えた」「滑り台もあるよ」

そこで，どこに見えたかの確認をします。

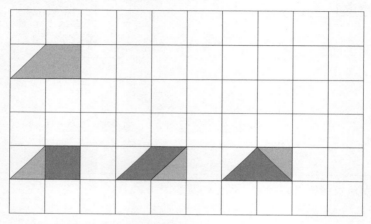

クッションになる形は，色板2枚です。

それをヒントにして，影絵全体の色板の数を予想します。

この活動で，少し複雑な図形の中に別の形が見えるようになります。

「影絵遊び」の初めは，色板の枚数が3枚か4枚程度の影絵にしておきます。

いきなり，難しい形を問題に出すと，クッションの形が見えにくくなってしまいます。

3 「絵隠し遊び」を入れる

授業で必要のない混乱をなくすためには，「影絵遊び」の前の時間に方眼の上に色板を並べる経験をさせておくことが必要です。

ここでは，自由に並べる「方眼並べ」より少しハードルを上げます。

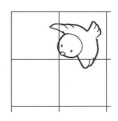

題して，「絵隠し遊び」です。

「小鳥は，色板何枚で隠すことができるでしょう」

そう問いかけることで，「頭の中で色板を並べる作業」を子どもは始めます。

それも，方眼にそって並べる置き方です。

何枚かを尋ね，なぜ，そうなるのかを尋ねます。

すると，2枚の形のキーワードを使って説明を始めます。

「顔と体を隠すのに2枚，四角を置くでしょ……」

そういう話を始めます。

実際の授業では，まず黒板上に，絵を掲示します。

その後で，一人一人にプリントを配って確かめさせます。

ちなみに，黒板掲示で使用する色板は，教師が自分で作ります。

学校に置いてある掲示用の色板は，紙製で裏に磁石の付いたものだと思います。

これだと，掲示した絵の上から黒板に付くだけの力がありませんし，裏返して使うこともできません。

100円ショップには，裏表とも付く磁石のシートがあります。

これを掲示用の方眼に合うようにカットすれば，使いやすい教材ができあがります。

Point　アプローチ09

3つのステップで影絵遊びができるようにしよう。

・方眼並べを入れよう。

・2枚で作るクッションの活動を入れよう。

・「絵隠し遊び」を入れよう。

単元：くりさがりのあるひきざん

繰り下がりのあるひき算は誰でもできる　その1
「繰り下がりのあるひき算」で
気をつけたい3つのこと

「繰り下がりのあるひき算」は，主に「減加法」と「減々法」という考え方で行います。

中心になるのは，「減加法」です。

実は，「繰り下がりのあるひき算」は「繰り上がりのあるたし算」より簡単です。

これは，割とよく聞く話です。

その理由を知っておいて，損はないと思います。

2つの理由があります。

1つ目は，計算過程の中の作業内容が分かりやすいからです。

2つ目は，計算過程の途中の計算が指でできるからです。

それでは，「減加法」で「12−9」を考えてみましょう。

まず，一の位で考えます。

「2−9」はできません。

そこで，「12」を分解します。

「12は10と2」です。

分解した「10」を使い，「10−9」をします。

「10−9＝1」です。

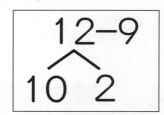

その「1」と余っていた「2」を合わせて「3」です。

「繰り上がりのあるたし算」で最初に出てくる「分解」は難しいです。

「10に対する補数の考え」がしっかりできていなくてはいけません。

例えば，8＋5の場合，「8の10に対する補数」は「2」です。

計算過程のここが難しいのです。

一方，「繰り下がりのあるひき算」は，「10といくつ」に分けます。

これは，難しくありません。

例えば，「12」を「10」といくつに分ける場合で考えます。

「12」は，は一の位に「2」が見えます。

考える必要もないし，「10に対する補数」のように覚えておく必要もありません。

次の作業過程の「10－9」も難しくありません。

なぜなら，「10－9」は指でできます。

算数が苦手な子でも大丈夫です。

このように，「減加法」の作業過程は，難しくありません。

だから，教科書のまま授業しても，「繰り下がりのあるひき算」は，そう困ることはありません。

あまり困りませんが，「繰り下がりのあるひき算」の学習で気をつけておいた方がいいことが3つあります。

1つ目は，「減々法」の扱いです。

2つ目は，計算手順を文章化した場合，最初の一文を何にするかです。

3つ目は，さくらんぼの10の位置です。

①「減々法」の扱い

1つ目，「減々法」を扱うかどうかです。

教科書で「繰り下がりのあるひき算」は，「減加法」を中心に学習します。

「減々法」の扱いは，大きくありません。

例えば，「減々法」でも「さくらんぼ」をかいている教科書会社が3社，かいてない会社が3社という具合です。

それでは，なぜ「減々法」は必要なのでしょうか。

「繰り下がりのある引き算」の場合，「減々法」を使った方が便利なのは，「減数」が「2」や「3」等小さい数のときです。

例えば，11－2や12－4等です。

「12－3」を「減加法」でやったとします。

「減加法」は，「12を10と2」に分けたさくらんぼ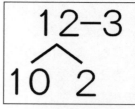
で計算します。

まず，2－3はできません。

そこで，「10－3＝7」をします。

答えは「2と7で9」です。（右上図）

これを「減々法」でやってみます。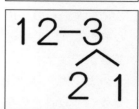

「3を2と1」に分けます。

「12－2＝10」です。

さらに「10－1＝9」です。（右下図）

「3の分解」の場合，「3」が小さい数なのであま
り難しくありません。

その後の手順も，「10－1」なので，これも難しくありません。

だから，こちらの方が便利です。

便利ですが，このように計算手順を説明しても，便利さは「なるほど」と
思うほどには伝わらなかったと思います。

算数の苦手な1年生が，新たな計算手順を覚える手間は，少なくありませ
ん。

それを考えると「減々法」の習得を無理にさせる必要はないと思います。

「減々法」を授業できちんと扱うのかどうかは，クラスの実態を見て，判
断してよいと思います。

もし，「減加法」で苦労している子が何人もいたとします。

それならば，その子たちへの対応を考えた方がいいと思います。

学習指導要領にも，どちらも必ず指導しなければいけないとはかいてあり
ません。

私の場合，まず，「繰り下がりのあるひき算」の第1時で，クラスの中に
「減々法」で考える子がいるかどうかで判断します。

さらに，「減加法」の習得状況を見ます。

そこで，「減加法」で苦労している子がいたら，「減々法」にこだわりませ

ん。さらに,「減加法」にもこだわりません。

「数えひき」等,自分ができる方法でいいと思っています。

逆に,「数えひき」は,全員ができるように習得させるべきだと思います。

これに関しては,後述します。

②計算手順を文章化した場合,最初の一文を何にするか

2つ目に気をつけておくことは,計算手順の最初の一文を何にするかです。

「さくらんぼ計算」は,計算手順を唱える活動とセットで覚えます。

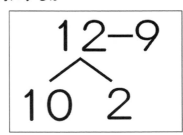

その「最初の一文」は大事です。

「12-9」で考えます。

この計算をするときの「計算手順」を下にかきます。

1　12は10と2。
2　10から9ひいて1。
3　1と2で3。

この3つの手順で計算します。

ただ,教科書会社6社のうち2社は,この3つの段階の前に,もう一つ文があります。

その文は「2-9はできません」です。

私は,これはとてもとても大事な文だと思います。

これをかいていない教科書会社でも,「かいていないだけ」で,この文章があることは「大前提」なのだと思います。

もし,この文章がかかれていなくても,授業者は「2-9はできません」と確認をする必要があると感じます。

なぜなら,子どもは以下のような失敗をするからです。

「繰り下がりのあるひき算」の学習後に，「13－2」の計算をさせます。

すると，すぐに「10－2＝8，3＋8＝11」とする子が大勢います。

「13－2」は「繰り下がりのあるひき算」ではありません。

「3－2＝1」なので，答は「11」です。

それなのに，すぐ「10からひいてしまう」のは，「3－2」ができることを確認していないからです。

どんなひき算でも，考えることなく同じ手順で計算しようとしています。

まず，「2－9はできません」と「繰り下がりの必要性」を確認した後に，計算するべきだと思います。

③さくらんぼの10の位置

気をつけておくことの3つ目は，さくらんぼの10の位置です。

「12－9」で考えます。

教科書会社6社のうち，5社は右上図のように「10」が左にあります（ただし，それ以外のものがかき込まれているものもあります）。

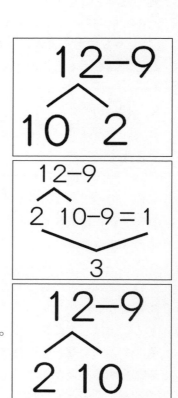

「10」が左，「2」が右です。

私は，ここに工夫のポイントがあると思っています。

6社のうち1社だけは，「10」と「2」の位置が逆になっています（他に，もう少し付け加えがかいてあります）。

右中図です。

このまま，1年生にかかせるのは難しいです。

そこで，「10」の位置を変えるだけにしてみます（下図）。

「10－9」が見えやすくなると思います。

さらに、「10 − 9」の答えの「1」をメモするにしても、かき込みやすいです。

　もともと、さくらんぼ計算は、学習指導要領に載っているものではありません。

　自分でいろいろな工夫ができます。

　「繰り上がりのあるたし算」のところでかきましたが、今、私は「さくらんぼ計算」をしていません。

　でも、以前は、「10」の位置を激しく移動して「さくらんぼ計算」をしていました。

　それが右です。

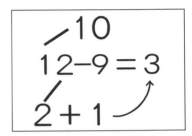

　「お行儀の悪いさくらんぼ」と名づけていました。

　「10」の位置が、「9」の上まで来ています。

　そのおかげで、「10 − 9 = 1」が、筆算のように縦に並んでいます。

　さらに、最後の「2 + 1」を式としてかくことができます。

　実際に、順番にやると、作業がスムーズにできます。

　でも、今はこの「お行儀の悪いサクランボ」計算もしなくなりました。

　今は、「メモ」程度です。（右図）

　この「メモ」の秘密を次に説明します。

Point　アプローチ10

以下の3点に気をつけて授業しよう。

- ・「減々法」の扱い。
- ・計算手順を文章化した場合、最初の一文を何にするか。
- ・さくらんぼの10の位置を工夫しよう。

11 繰り下がりのあるひき算は誰でもできる　その2
さくらんぼ計算から「のこったメモ」へ

①×付き透明シートを使おう

まず，下の写真を見てください。

「13－8」の答えが下のように見えていると子どもたちがアピールしているところです。

「2」と「3」を指で作っています。

中には，「2」が少し上になっている子もいます。

下の写真は，「13－8」を授業でやったときの板書の一部です。

「繰り上がりのあるたし算」で紹介した「紙ブロック」を使っています。

この写真をよく見ると，「2」と「3」が見えます。

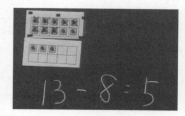

ブロックに×が付いています。

でも，×はブロックの上にかいたものではありません。

実は，「10のブロック」の上に8この×がついた透明のシートが乗っかっています。

板書では，シートが「10のブロック」の上に乗っていますが，最初は「8」の上にあります。

右図のような感じです。

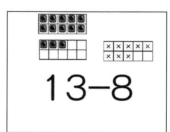

この段階で，子どもたちは，「2と3の指サイン」を出していました。

8×の「透明シート」を「10のブロック」の上に乗せる前です。

②のこったメモ

子どもたちは，頭の中で透明シートをブロックの「上に乗せた映像をイメージ」して，先ほどの指のサインを作っていました。

後は，答え合わせを兼ねて，実際に透明シートをブロックの上に乗せます。

すると，「10のブロック」の上に「8の×」が乗り，ブロックは「2」だけ残っています。

一方，「13－8」の「3」が余ったままになっています。

残った「2」と余った「3」が見えます。

子どもたちが出していた指サインがそれです。

後は，「2＋3」をするだけです。

それをメモにすると右のようになります。

「さくらんぼ計算」のように数を分解合成するというより，ブロックに透明シートを乗せてイメージしたメモです。

10のブロックの上に，8×のシートを乗せたら，「2」だけ残ります。

その残った「2」をメモします。

残った数をメモするので，「のこったメモ」と言います。

その残った数「2」と，余りの「3」を合わせると「5」です。

計算の練習では，唱和しながら計算します。

唱和する計算手順もかいておきます。

1　13－8

2　3－8はできません

3　とおちゃんたすけて〜（ここで，透明シートを移動）

4　10－8＝2

5　2と3で5

最初の授業で「3－8」が登場したときは，「できない」ので，心がザワザワと動きます。

そんなときは，みんなで「できませ〜ん」と悲しそうに言います。

そして，透明シートを乗せる前に，「とおちゃんたすけて〜」と言わせます。「とおちゃん」は，「十ちゃん」，「10」のことです。

ここは，授業が楽しくなるニコニコポイントです。

「繰り下がりがある」ことを確認することにもなります。

さらに，透明シートを乗せる合図でもあるので，この段階で子どもは先にイメージしようとします。

ここがイメージできると，繰り下がりのあるひき算は難しくありません。

ここで，少し授業の際の工夫点をいくつかかいておきます。

まず，「透明シート」です。

この「×のついた透明シート」は，私がひき算の授業で使う教材です。

市販の透明ファイルを切って作っています。

「－1」の場合は×が1個，「－9」の場合は×が9個。

ブロックの上に乗せると引き算の答えが見えるようになっています。

ひき算授業の必須アイテムです。

このブロックと×の図は，授業で使うプリントでも使っています。

以下は，プリントの一部です。

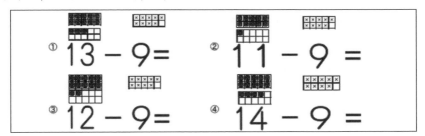

授業で使ったブロックと透明シートがそのままプリントになっています。

「13－9」の場合，13から9をとるというより，9×の透明シートを乗せるイメージです。

単元計画も変え，最初の時間は「10何－9」だけを扱います。

その時間，「－9」は「10のブロック」に乗せ「1」が残るイメージをしっかりつくります。

次の時間は「－8」のイメージをつくります。

授業の終盤にプリントに取り組ませますが，その問題も1時間目は「－9」を徹底し，応用問題として「－8」の問題を入れています。

あくまで「－9」が中心です。

「－9」以外は「できなくてもいい」というスタンスです。

プリントには，1年生の問題ではない難しい問題も入っています。

どの単元でもそうですが，応用問題は時間差を調整しますし，応用問題を解くことで，基礎基本の力がしっかりしたものとなります。

Point **アプローチ11**

さくらんぼ計算から「のこったメモ」へ。

いろいろな工夫をしてみよう。

・ブロックと透明シートを使ってみよう。

・単元計画を見直し，まず－9だけやってみよう。

ひきざん1　なまえ

1　ひきざんを　しましょう。

① 13 − 9 =

② 11 − 9 =

③ 12 − 9 =

④ 14 − 9 =

⑤ 17 − 9

⑥ 16 − 9

⑦ 15 − 9

⑧ 14 − 8

⑨ 15 − 8

⑩ 12 − 8

⑪ 11 − 8

⑫ 16 − 8

⑬ 13 − 8

⑭ 17 − 8

2 ひきざんを しましょう。

① 13 − 7 =   ② 11 − 7

③ 12 − 7   ④ 12 − 6

⑤ 11 − 6   ⑥ 13 − 6

　　むずむずもんだい

⑦ 11− 4   ⑧ 14 − 5

⑨ 11 − 3   ⑩ 16 − 5

　　ちょうむずもんだい

⑪ 100 − 33 − 33 − 33

3 とおちゃんを たくさん かきましょう。

ひきざん2　なまえ

1　ひきざんを　しましょう。

① 11 - 8 =

② 11 - 9 =

③ 12 - 8 =

④ 12 - 9 =

⑤ 13 - 8

⑥ 13 - 9

⑦ 14 - 8

⑧ 14 - 9

⑨ 15 - 8

⑩ 15 - 9

⑪ 16 - 8

⑫ 16 - 9

⑬ 17 - 8

⑭ 17 - 9

98

2 ひきざんを しましょう。

① 11 − 7 =

② 11 − 6

③ 12 − 7

④ 12 − 6

⑤ 13 − 7

⑥ 13 − 6

むずむずもんだい

⑦ 12 − 4

⑧ 14 − 9

⑨ 11 − 5

⑩ 16 − 5

ちょうむずもんだい

⑪ 100 − 22 − 33 − 45

3 とおちゃんを たくさん かきましょう。

ひきざん3	なまえ	

1 ひきざんを しましょう。

① 11 - 7 =

② 11 - 6 =

③ 12 - 8 =

④ 12 - 9 =

⑤ 13 - 7

⑥ 13 - 6

⑦ 14 - 8

⑧ 14 - 9

⑨ 15 - 7

⑩ 15 - 6

⑪ 16 - 8

⑫ 16 - 9

⑬ 17 - 8

⑭ 17 - 9

① 11 - 9 =

② 11 - 8

③ 12 - 7

④ 12 - 6

⑤ 13 - 9

⑥ 13 - 8

むずむずもんだい

⑦ 11 - 4

⑧ 14 - 9

⑨ 12 - 5

⑩ 17 - 4

ちょうむずもんだい

⑪ 100 - 12 - 23 - 45

3 ひくちゃんを たくさん かきましょう。

繰り上がりも繰り下がりも学習前からできる

１学期から教える「数えたし」と「数えひき」

1　繰り上がり・繰り下がりは１学期からできる

　私のクラスの子の多くは，「繰り上がりのあるたし算」の単元を学習する前から「繰り上がりのあるたし算」ができます。

　「繰り下がりのあるひき算」の単元を学習する前から「繰り下がりのあるひき算」ができます。

　ただ，「繰り上がりのあるたし算」の学習の時間，「10に対する補数を使った考え」を知らない子は多くいます。

　ほとんど知らない状態です。

　「10に対する補数を使った考え」は知らないけど，「繰り上がりのあるたし算」はできるということです。

　だから，「繰り上がりのあるたし算」の単元は，「10に対する補数を使った考え」に触れる時間と考えています。

　この単元を通し，「10をつくるよさ」を感じて欲しいと思っています。

　ですが，100％の子がよさを感じることができるとも思っていません。

　例えば，「9 + 3」という問題があり，「10 + 2」に変換できると簡単だ，等と全員感じるわけがありません。

　ただし，クラス全員が，この単元の中で「繰り上がりのあるたし算」ができるようにします。

　「全員」です。

　「繰り上がりのあるたし算」を学習する頃は，多くの子が「繰り上がりのあるたし算」ができますので，できない何人かの子へ対応すれば済みます。

「繰り下がりのあるひき算」の単元も同様です。

「減加法」のよさを学び合える時間にしたいと思っています。

ただ，クラス全員がそのよさを理解できるとは思っておりません。

難しい子もいます。

しかし，全員が「繰り下がりのあるひき算」ができるようにはします。

もともと，クラスの中の多くの子は，「繰り上がりのあるたし算」も「繰り下がりのあるひき算」もできるとかきました。

それは，1学期の「繰り上がりのないたし算」「繰り下がりのないひき算」のときから，徹底して「指を使った数えたし」「指を使った数えひき」の練習をしているからです。

2 指を使った「数えたし」と「数えひき」

指は10本しかありません。

答えが10を超える場合，つまり「繰り上がりのあるたし算」では，指で計算するのは難しいと思われるかもしれません。

例えば，「9＋3」や「8＋5」等です。

「指を使ったひき算」では，被減数（ひかれる数）が10より大きい場合，つまり「繰り下がりのあるひき算」では難しいと思われると思います。

例えば，「12－9」や「13－8」です。

これ，どちらも指でできます。

「数えたし」「数えひき」を使います。

①指を使った数えたし

「数えたし」から説明します。

「9＋3」の場合，指で「3」を出します。

そして，「10，11，12」と指を曲げていきます。

立っている指がなくなり，手がグーになったらそこまで。

答えは12です。

「9＋3」の数えたしを「アレイ図」で確認しましょう。

○○○○○○○○○　←　○○○

上が「9＋3」のアレイ図です。

左には，9個の○があります。

だから，「3」の一番左は「10」個目になります。

○○○○○○○○○　←　⑩○○

さらに，右隣りは「11」個目，次の隣が「12」個目です。

○○○○○○○○○　←　⑩⑪⑫

これが，「指を使った数えたし」の原理です。

念のために，「8＋4」もやります。

「8＋4」の「4」を指で出します。

「4」の最初の1本は，「8」の次の「9」です。

だから，指を曲げながら「9，10，11，12」とやります。

答えは12です。

②指を使った数えひき

「繰り下がりのあるひき算」は，この逆になります。

「12－3」の場合，たし算と同じように「3」を出します。

もともと12あった○が1つ離れるたびに1減ります。

だから，12の次の数11から始め，「11，10，9」と減っていき，答えは9です。

アレイ図で説明します。

○○○○○○○○○○○⑫

12個の○があります。

まず，1個動かします。

すると，○は1減ります。

○○○○○○○○○○○⑪　　→○

○の数は11個になりました。

もう一つ動かすと10個になります。

○○○○○○○○○○⑩　　→○○

そして，３個目を動かすと○は９個になります。

「12－３」の答えは９です。

○○○○○○○○○⑨　　　→○○○

念のために，「11－４」でもやってみます。

「４」を出します。

11の次から「10，９，８，７」答え７です。

「数えひき」は，大きい数から小さい数へと下がって
いきます。

子どもには「カウントダウン」と言っています。

この「カウントダウン」は，入学後，ことあるごとに子どもの前でやりま
す。

「みんな並びます。20，19，18，17……」

「20秒で引き出しをきれいにします。20，19，18，17……」

「集合。20，19，18，17……」

こういうことを繰り返すので，１学期の早いうちに子どもは，20からの
「カウントダウン」を覚えてしまいます。

算数の授業で教えるより，自然に覚えてしまいます。

１章でかいた「20からのカウントダウン」は，ここで力を発揮します。

「繰り上がりのあるたし算」や「繰り下がりのあるひき算」で一斉授業を
しているとき，この指の計算は「検算」として利用します。

3　タッチマスをお手本に

この方法を取り入れるようになったのは，ある教材との出会いがきっかけ

でした。

それは，「タッチマス」です。

「タッチマス」は，アメリカで開発された「タッチポイント」という印の
ついた「数字」と，その数字を使った「プリント」です。

アメリカで四則計算のできない子たちが，この教材を使ってできるように
なったというものです。

右の写真は，たし算のプリントです。

2には2つの○がついています。

「6＋2」の場合，「2の○」を「7，
8」と言いながらタッチします。

まさに「数えたし」です。

○にタッチしただけで，算数ができるようになる。

その事実に感動しました。

まずは，「できるようにさせてあげる」。この大切さを感じました。

それから，子どもができるための取り組みを始めました。

授業に改良を加えたり，プリントを作ったりしてきました。

「繰り上がりのあるたし算」でブロック図を付けたプリントを作ったのも
「タッチマス」をお手本にしています。

「10の補数」の考え方は分からなくても，「繰り上がりのあるたし算」はで
きる。

すごく算数が苦手な子でも，算数のテストで困らない。

そうなったらいいなと思っています。

それも，すべての学年のすべての単元で。

ちなみに，指を使った「数えたし」「数えひき」ができない子がいます。

「指をそれぞれに独立して動かすことができない」子です。

クラスの中に，1人，2人いるかもしれません。

その子たちへは，別の手立てが必要です。

面倒ですが，「アレイ図」で答えを出すことを教えます。

ただ，市販のドリル等をさせるときは，「アレイ図」を使っていたのでは，とても時間が足りない場合があります。

　そういうときは，「計算物差し」を使います。

　以下です。

　「９＋３」をする場合，鉛筆の先をまず９のところに置きます。

　そして，右の方に３進みます。

　答えが12になります。

　「13－４」の場合，まず鉛筆の先を13のところにおきます。

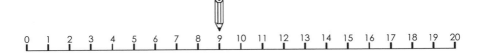

　そして，左の方へ４進みます。

ある年，特別な支援が必要な子がクラスの３分の１もいたことがありました。

　この「計算物差し」は，その年だけ使いました。ただ，テストでは使っていません。それでも，みんな，90点以上とることができました。

　この「計算物差し」を使う前には，ゲーム版を使った計算ゲームを授業で行います。

　「けいさんつなひき」というゲームです。

　右のものです。

　２人１組で勝負します。

　どちらかが「＋」，どちらかが「－」を選びます。

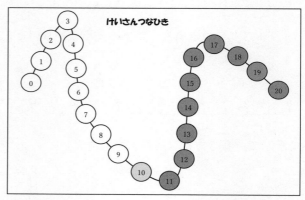

　駒を１個とサイコロを１個準備します。

　駒を「10」の場所へ置きます。

　じゃんけんで勝った方からサイコロを振ります。

　「＋」が勝った場合，サイコロの目の分，数が大きい方へ進みます。

　例えば，「３」が出たら，「10」からスタートして「３つ」進みます。

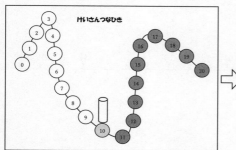 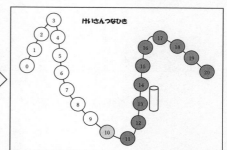

　「＋」の子どもが終わったら，「－」の子どもの番です。

　「－」の子が振ったときは，サイコロの目の分，数が小さい方へ進みます。

例えば，「5」が出たら，「13」からスタートして「5つ」進みます。

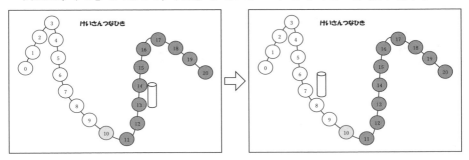

「8」になります。

　このゲームを通して，「数が大きくなること」「数が小さくなること」，または「〇つ分上がる」「〇つ分下がる」ことを学びます。

　この経験をしておくと，「計算物差し」も，無理なく使えます。

　「数えたし」や「数えひき」を指導することには異論もあると思います。

　「数えたし」「数えひき」は「量」を増減させるものではありません。

　だから，「量」を増やしたり減らしたりする感覚を育てることには，不向きです。

　あくまで，「繰り上がりのあるたし算」「繰り下がりのあるひき算」で「10に対する補数を使った考え」や「減加法の考え」が分からない子どものためのものです。

　また，そういう子へは，「量感」を身につける別の手立てを併用していくべきだと思います。

　私が思うのは，「誰でもできる」ようにさせてあげたいということです。

Point　アプローチ12

繰り上がり・繰り下がりのある計算ができる手立てを知っておこう。
　・数えたしと数えひき。
　・計算物差しと計算つなひき。

単元：大きいかず

13 「大きいかず」で困らないために 「100までの表」フル活用法

1 「100までの表」で考えてみよう

「大きいかず」のテストで以下のような問題が出ます。

97はあと□で100。

80より１小さいかずは□。

45－44－43－□

23＋2

48－5

これらの問題は，「100までの表」を使うと簡単に解決できます。

実は，「100までの表」は２種類あります。

教科書会社６社のうち，左を掲載しているのが３社で右を掲載しているのが３社です。

1	2	3	4	5	6	7	8	9	10
11	12	13	14	15	16	17	18	19	20
21	22	23	24	25	26	27	28	29	30
31	32	33	34	35	36	37	38	39	40
41	42	43	44	45	46	47	48	49	50
51	52	53	54	55	56	57	58	59	60
61	62	63	64	65	66	67	68	69	70
71	72	73	74	75	76	77	78	79	80
81	82	83	84	85	86	87	88	89	90
91	92	93	94	95	96	97	98	99	100

0	1	2	3	4	5	6	7	8	9
10	11	12	13	14	15	16	17	18	19
20	21	22	23	24	25	26	27	28	29
30	31	32	33	34	35	36	37	38	39
40	41	42	43	44	45	46	47	48	49
50	51	52	53	54	55	56	57	58	59
60	61	62	63	64	65	66	67	68	69
70	71	72	73	74	75	76	77	78	79
80	81	82	83	84	85	86	87	88	89
90	91	92	93	94	95	96	97	98	99
100									

どちらのタイプの「100までの表」も，先ほどかいたテストの問題には対応できます。

例を挙げて説明します。

「97は，あと□で100」

この問題，意外と難しいです。

算数が苦手な子は，文章を読んでもイメージができません。

しかし，100までの表を使えば簡単です。

	84	85	86	87	88	89	90
	94	95	96	97	98	99	100

「97」に双六の駒があったとします。

ゴールが100です。

こう尋ねます。

「あといくつで100になるでしょう」

この程度なら，駒を実際に動かさなくても念頭操作できます。

答えは3です。

次は，「48－5」を考えます。

これも，「48」に双六の駒があったとします。

	43	44	45	46	47	48	49	50
	53	54	55	56	57	58	59	60

ここから「5」下がればいいのです。

つまり，答えは「43」です。

数え棒等を使い，「量」でイメージすることも必要です。

　一方，「100までの表」を使って考えると，答えが簡単に出ることを知っておくことも悪くありません。

　そのためには，「100までの表」を使いこなすくらい慣れておくことが大事です。そこで，今から2つの実践を紹介します。「100までの表パズル」と「100までの表双六」です。

2　100までの表パズル

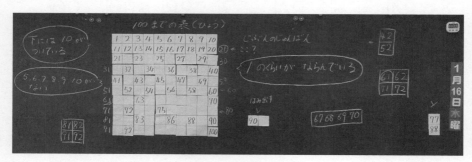

　上の写真は，「100までの表」のパズルの授業です。

　まず，「100までの表」をバラバラにして多くのピースを作ります。

　小さいピースは，数2つ分ですし，大きいピースだと数9つ分のものもあります。

　最初に登場するのは，一番大きいピースで1〜20までの数がすべてかいてあります。

　以下です。

1	2	3	4	5	6	7	8	9	10
11	12	13	14	15	16	17	18	19	20

　これは，授業が始まってすぐに黒板に掲示します。

子どもたちの心には，少しザワザワが始まります。

そして，尋ねます。

「21はどこだと思う？」

さらに，「21はここでいいかな？」と20の横に21とかきます。

1	2	3	4	5	6	7	8	9	10
11	12	13	14	15	16	17	18	19	20

21

すると，子どもたちのザワザワ感は，高まり「おかしい」と言い出します。

20までの並びからの違和感です。

そして，1年生なりに発言を始めます。

「10から11になったときは，下の段になっている」

「縦に見ると，1，11，21となるはず」

これらの子どもの発言を受け，「21」を表に加えます。

実はこのとき，クラスの全員に1人1枚のピースが配られています。

21を持っている子に出てきてもらい，21のピースを
表に加えてもらいます。

実は，21から30までのピースは，右のように下が空
いています。

21

そのために，21から30までのピースを並べると下のようになります。

1	2	3	4	5	6	7	8	9	10
11	12	13	14	15	16	17	18	19	20
21	22	23	24	25	26	27	28	29	30

ここで，唐突にこう尋ねます。

「次に出てくるのは，何番のピースを持った人かな？」

31〜40は，空位のままなので，頭の中でそれらの数を埋めた後で，次の数を考える必要があります。

空位は，31〜40です。

だから，次に登場するのは「41」のピースを持った子です。

同様の仕掛けをいくつもほどこし，次の数や空いている数を予想します。

そしてさらに，後半に難しいピースが登場します。

これらのピースを「100までの表」に少しずつ加えることによって，数の並びに気づいていきます。

当然，表が完成したときには，みんなで喜びます。

実は，100のカードだけ，黒板の右にある日付けのカードの裏に隠してあります。

	88	

「100のカードが教室のどこかに落ちちゃった」という設定で，みんなで大慌てになるという場面もつくっています。

クラスみんなで演技を楽しみます。

板書の写真を見ると分かるのですが，他のピースと重なってしまう「偽ピース」もあります。

「偽ピース」が出てきたときは，みんなで明るく「怒り」を表現します。

教科書には，下のような表が出て，白く空いた場所の数を尋ねる問題があります。

61	62	63	64	65	66	67	68	69	70
71		73	74	75	76		78	79	80
81	82	83	84	85	86	87	88	89	90

これらも，パズルの授業をしておくと数の並びから簡単に分かるようになります。

2 100までの表双六

下の写真が，「100までの表双六」をしたときの板書です。

このときの授業では，クラスを2つに分け，男子対女子のじゃんけん形式で双六を行っています。

スタート地点は，「1」です。

青と赤の磁石を駒の代わりに使っています。

男子代表と女子代表がじゃんけんをします。

勝ったら10進み，負けたら1進みます。

この「10進む」というのがポイントです。

最初は，1個ずつ数えて10進みますが，次第に表を1つ下がると「10進む」ことに気づきます。

このことに気づいたら，みんなで「驚き」の表現をします。

ルールを変えると，他の発見ができます。

Point **アプローチ13**

「大きいかず」の単元では，100までの表をフル活用しよう。

・100までの表のパズルと双六で感覚を身につけよう。

アプローチ

14

単元：とけい（2）

○時○分は誰でも読める　その１
時計の読みの間違い例を知っておこう

「時計」は，１年生の担任になって，授業に苦労する単元の一つです。

なぜ，時計を読むのは難しいのでしょう。

まず，次の時計を読んでください。

１年生の子どもたちは，どんな間違いを
すると思いますか。

少し考えてみてください。

答えは１時55分です。

①間違い例その１　２時55分

よくある間違いの一つは，２時55分です。

この間違いをする子は，時計の読み方がかなり分かっている子です。

ただ，１点読み間違っています。

時計を見ると，もうすぐ２時に
なる短針が「２」にとても近づい
ています。

そのために，本来「１時」と読
むべきところを，「２時」と読ん
でしまっています。

かなりおしいところまで読めて
います。

こういう間違いの子は，分針が
小さい数のときは，正しく読める
と予想できます。

短針を２時と読み間違えている。

116

②間違い例その２　１時11分

　１時11分という間違いもあります。

　短針の読みはあっています。

　短針で「時」を読み，長針で「分」を読むのもあっています。

　しかし，長針で読むのは，小さい目盛りである「分」なのですが，短針で読む「時」の数を読んでいます。

長針が「時」の数を読んでいる

③間違い例その３　11時２分

　次は，11時２分です。

　長針で「時」を読み，短針で「分」を読んでいます。

　さらに，「分」を「時」の数で読んでいます。

　こういう間違いをする子は，時計の読み方が分かっていないので，テストをすると残念な結果になります。

　しかし，これらの間違いを分析すると時計の読み方が難しい理由が分かりますし，授業のポイントが見えてきます。

短針と長針が逆

Point **アプローチ14**

どんな読み間違いをするのかを確認・分析しよう。

15

○時○分は誰でも読める　その２
時計の読みの３つの壁を知っておこう

1　子どもが時計を読むときの第１の壁

子どもが時計を読むのには３つの壁があります。

その１つ目は，「時計には，２つの針があり，２つの盤がある」ことです。

これが，時計を読むのを難しくしている第１の壁です。

「盤が２つ」というのは，「時」の数がかかれた盤と「分」の数がかかれた盤という意味です。

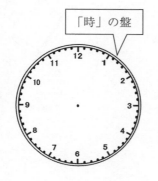

「時」の盤

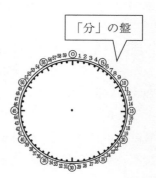

「分」の盤

例えば，量りの単位は「ｇ」です。

「ｇ」の盤が１つ，針も１つです。

しかし，時計には針が２つ，盤が２つあります。

これは，算数が苦手な子には困ります。

どちらの針で「時」を読み「分」を読むのかで混乱します。

また，時計にかかれた「数」は，「時」にしか使えないものです。

「分」の「数」は見えていません。

時計を読めない壁が分かると，解決策が見えてきます。

時計を読み間違えないための解決策は以下です。

・短針から読むこと。

・短針は，「時」を読むこと。

・2番目に長針を読むこと。

・長針は，「分」を読むこと。

これを徹底します。

でも，おそらく，全国の1年生の教室ではその点について口を酸っぱくするくらい言われていると思います。

それでもできないのは，子どもには伝わっていないからです。

・短針から読む。

・短針は，「時」を読む。

・2番目に長針を読む。

・長針は，「分」を読む。

この言葉では，子どもの脳にはイメージできていないのです。

難解な外国語で教えられているのと同じです。

例えば「Stand up」と言われて立てないのと同じです。

これは，算数の授業でよくあります。

2年生で学習するcmやmmも，センチメートルとミリメートルという言葉が理解を困難にしています。

少し言葉を付け加えるだけで理解力は劇的に変わります。

時計が読めない理由は，他にもあります。

2　子どもが時計を読むときの第2の壁

その2つ目は,「分が59まであるから」です。

小学校に入学したての子の学力は,担任には分かりません。

しかし,算数が苦手かどうかは,「4」を「量」として見ることができるかどうかで判断できます。

ブロックの「4」を見て,すぐに「4」と理解できる(読んだりかいたりできる)子は,その後,算数で困る割合が減ります。

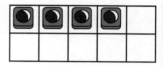

一方,ブロックの「4」を見て「1,2,3,4」と数える子は,その後の算数の時間に苦労が予想されます。

これは,1年生を8度担任したことからの経験知です。

算数が苦手な子が,59まで数えることは,大変な苦労です。

1時55分の「55」を正確に数えることは,大人が思っている以上に難しい作業なのです。

だったら,「5跳び」で数える練習をさせればよいと思われるでしょう。

大事なことは,その練習をいつするかです。

これも,後述します。

「59まで数える」ことは,かなり難しい作業であり,2つ目の壁です。

さらに,「時計を読むのを難しくさせる原因」が他にもあります。

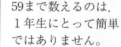

59まで数えるのは,
1年生にとって簡単
ではありません。

3　子どもが時計を読むときの第3の壁

時計が読めるようになるのが難しい理由の3つ目は,衝撃かもしれません。

それは，「教科書どおりの計画で授業するから」です。

これは，「とけい（1）」のところでもかきました。

教科書は，1時間単位で1年間の単元計画が立てられています。

しかし，現場では45分では対応できないことがあります。

逆の言い方で言うと，教科書どおりに授業しても，算数の苦手な子は，時計が読めるようになるのが難しいのです。

2学期は，「○時」と「○時半」が読めるようになる時間です。

配当された時間は1時間です。

3学期は，「○時○分」が読めるようにならなくてはいけません。

配当された時間は2時間です。

これは無謀です。

では，時計の学習の時間を増やせばいいかと言うと，年間の計画があり，何時間も簡単に増やすことはできません。

また，時間を少々増やして説明をすればするほど，子どもは混乱していきます。

よく考えてみてください。

人は，何かを習得するとき，1回の挑戦でできるでしょうか。

例えば，自転車に乗れるようになるときはどうでしょう。

逆上がりができるようになるときはどうでしょう。

3つの壁をどうクリアするのか，そこに時計が読めるようになるためのヒントが隠されています。

Point　**アプローチ15**

子どもが時計を読むときの3つの壁

・「2つの針」と「2つの盤」があるから。

・分が59まであるから。

・教科書どおりの計画で授業するから。

単元：とけい（2）

○時○分は誰でも読める　その3
細切れ授業を取り入れよう

　2学期は「○時」と「○時半」の学習をしました。

　次は，いよいよ「○時○分」を読めるようにする授業です。

　3学期，2時間扱いの授業計画です。

　たった2時間で，右が「6時21分」と読めなくてはいけません。

　これは，とても難しいです。

　そこで，この時間も「細切れ授業」にします。

　2時間扱いだと90分です。

　この90分を10分×5回，20分×2回に分けます。

　10分×5＋20分×2＝90分です。

　45分を2時間授業するのと同じ時間です。

　まとめると以下のようになります。

1日目　時計10分（他の単元の最初に）

2日目　時計10分（他の単元の最初に）

3日目　時計10分（他の単元の最初に）

4日目　時計10分（他の単元の最初に）

5日目　時計10分（他の単元の最初に）

6日目　時計20分（他の単元の最初に）

7日目　時計20分（他の単元の最初に）

　図にすると次ページのようになります。

教科書			細切れ授業						
45分	45分		10分	10分	10分	10分	10分	20分	20分
時計の授業	時計の授業	⇒	時計以外の授業	時計以外の授業	時計以外の授業	時計以外の授業	時計以外の授業	時計以外の授業	時計以外の授業

　おそらく，「時計以外の授業」は，「大きいかず」になると思います。

　「○時○分」を読むためには，数を「59」まで数えることができなくてはいけません。

　「5跳び」で「55」まで数えられなくてはいけません。

　日常生活の中では，「100」も「1000」も知っている子どもも多いのですが，算数の授業では，「55」も「59」も初対面になります。

　そのため，「○時○分」を読むためには，「100を少し超えるまで」の学習が，その前にくることになります。

　その単元と一緒に時計の授業を並行して進めていくことにします。

　10分×5回は，「○時」や「○時半」のときと同様，スライドとプリントの2つで構成されています。

　「○時」「○時半」の授業では，1日目以降しばらく5分間だけでした。

　今回，倍の時間になっているのは，スライドが2種類あるためです。

Point　アプローチ16

授業内容を90分の細切れにして授業しよう。

○時○分は誰でも読める　その4
5跳びのスライドを読む活動をしよう

　「○時○分」で使うスライドは，「○時」や「○時半」のスライドとは少し違います。

　「○時」や「○時半」と同様，1枚1秒で進めるスライドと，1枚1枚じっくりと読んでいくスライドの2種類があります。

　では，1枚1秒で進めるスライドから紹介します。

　それは，「5跳び」の練習をするスライドです。

　このスライドを見ながら，「分針」の指す数を「5，10，15，20……」と55まで読んでいきます。

　「分の数」を付けたものと付いてないものの2つのレベルがあります。

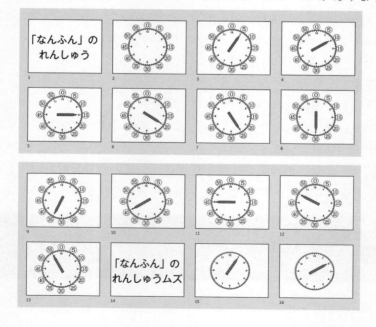

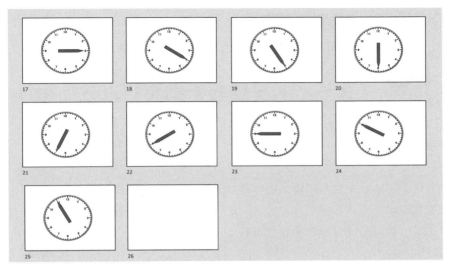

　このスライドで時計の針を見ながら「5跳び」で読む練習をします。

　まず，「○時」「○時半」のときと同様1枚1秒で読んでいきます。

　その後，いきなりスライドを速回しで飛ばしたり，逆もどしにしたり順番
どおりでない数を読ませることもします。

　さらに，スライドを見ないで「5跳びで55まで」言える子を指名し「5跳
びの暗唱」をさせます。

　毎日少しずつ，その人数を増やしていきます。

　一度に全員が覚えることはありません。

　一人ずつ地道に「5跳びで55まで」言える子を増やします。

　私は，「1枚1秒」だけの活動（「5跳び」を覚える活動）は，2学期から
（「おおきなかず」の学習をする前から）取り入れます。

　この程度の活動でしたら，1分もかかりません。

Point　**アプローチ17**

スライドを使って，5跳びが言えるようにしよう。

単元：とけい（2）

○時○分は誰でも読める　その5
じいちゃんとふ〜ちゃんの
スライドを読む活動をしよう

18

「○時○分」を読む前にお口の準備運動をします。

右がそのスライドです。

スライドにかかれた順番に追い読みをします。

まず，教師が「時計の読み方小さい順」と読み，子どもが「時計の読み方小さい順」と復唱します。

「小さい順」というのは，「短い針」を読んだ後，「長い針」を読むという意味です。

次の「1ばんじいちゃん，2ばんはふ〜ちゃん」は，一気に読みます。

「1ばんじいちゃん」の「じいちゃん」とは短針のことです。

「ふ〜ちゃん」は，長針のことです。

「短い針」「長い針」という言い方でなく，「○時（じ）」を読むから「じいちゃん」，「○分（ふん）」を読むから「ふ〜ちゃん」とキャラクター化しています。

「じいちゃん」は，平仮名の「じ」を，「ふ〜ちゃん」は片仮名の「フ」をモチーフにして作っています。

「○時」「○時半」の学習で使ったプリントの「イラスト模写」に出ていたものです。

ここでは，「1ばんじいちゃん，2ばんはふ〜ちゃん」と読むだけでなく，「じいちゃん」と言っている瞬間，両手の人差し指を鼻の下に当て，おじい

さんのひげのようなポーズをつくります。

　「ふ～ちゃん」と言っている瞬間，たばこの煙を吹きだすような仕草をして，「ふ～」と息を吹き出します。

　体を少し動かすことで，楽しく活動させるにこにこポイントです。

　つづいて，「とけいのかずは時のかず」と教師が読み，子どもは復唱します。

　「時のかず」の「時」は「じ～」と少し伸ばして読みます。

　次，「ふ～ちゃん，わしのかずつかっちゃだめよ」も同じように復唱します。

　普段，時計で目にする数は，「じいちゃんの数」だから，「ふ～ちゃん」は使っていけないと釘を刺しています。

　最後に，「ふんのかずはかくれんぼ」を追い読みします。

　「○時○分」を読む練習をするときは，いつもこの準備運動をします。

　言い回しとポーズが楽しいので，子どもは自然に覚えます。

　「教えているけど，伝わらない」と，以下の点を前述しました。

・短針から読むこと。

・短針は「時」を読むこと。

・2番目に長針を読むこと。

・長針は，「分」を読むこと。

　これを，キャラクターを使い，楽しく言い回して読むことで，時計の読みの手順を覚えます。

　ここまでは，「○時○分」を読む「導入」です。

Point　アプローチ18
キャラクターを使い，楽しく言い回して時計を読む準備をしよう。

19

○時○分は誰でも読める　その6
じいちゃんとふ〜ちゃん付きの
時計を読む活動をしよう

ここからが，いよいよ「○時○分」を読む練習です。

スライドの2枚目・3枚目・4枚目は，段階的に読む練習をします。

2枚目，3枚目，4枚目のスライドが以下です。

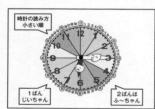  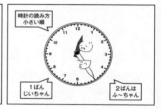

ここでも，「時計の読み方小さい順，1番じいちゃん，2番はふ〜ちゃん」とポーズを付けて一緒に読みます。

まず，難しいのは，短針の読みです。

「○時○分」の場合，（ちょうど「○時」のときのように）短針は，時計の数を指さず，数と数の間にあります。

針は頂上の12からスタートして，時計回りでゴールすることを教え，スタート地点に近い数を読むことを教えます。

2枚目のスライドの場合，「じいちゃんは何時と何時の間を指してる？」と尋ね，「6と7」と答えさせます。

さらに，「だったら何時と言うの？」と尋ね「6時」と答えさせます。

（最初の時間は，「この場合6時って言うんだよ」と教えます）。

次は，「ふ〜ちゃんはどこを指してる」と尋ね，「15分」と答えさせます。

（最初の時間は，「15分だよ」と教えます）。

最後に「じゃあ，何時何分」と尋ね，「6時15分」と答えさせます。

この段階では「○時○分」をきちんと読ませるというより，手順を覚えさ

せます。

　2枚目のスライドを大きくしてみます。

　数と数の間を線引きし色分け，「じいちゃん」がどの数とどの数の間を指しているか分かりやすくしています。

　日頃隠れている「分」の数も出しています。

　教師の問いかけをまとめてみます。

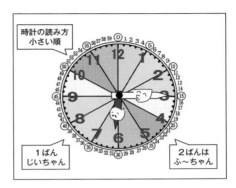

「じいちゃんは何時と何時の間を指している？」

「だったら何時と言うの？」

「ふ〜ちゃんはどこを指している？」

「だったら何時何分と言うの？」

　この問い方は，3枚目のスライドでも4枚目のスライドでも同じにします。

　3日目，4日目と読みに慣れてきたら，少しずつ言葉を省略していきます。

　教師の言葉は，以下のようになります。

「じいちゃんどこ？」

「だったら何時？」

「ふ〜ちゃんどこ？」

「何時何分？」

　その方が，問いと答えがテンポよくなります。

　下のような感じです。

　T「じいちゃんどこ？」

C「6と7の間」
T「だったら何時？」
C「6時」
T「ふ～ちゃんどこ？」
C「15分」
T「何時何分？」
C「6時15分」

ラップのように読むとかっこいいです。

次は，3枚目のスライドです。

2枚目のスライドより少し読むのが難しく
なっています。

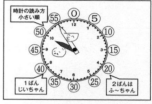

時計が線引き色分けされていませんし，
「分の数字」も「5跳び」だけになっていま
す。

4枚目のスライドは，普段使う時計と同じ
ものです。「分の数」が隠れているので，読
むのがさらに難しくなります。ここまでは，
「○時○分」を読む，手順を覚えるのが中心です。

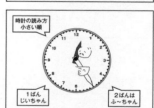

5枚目からは，3枚「○時」を読む練習をします。

以下のように，「じいちゃんだけ」登場させて練習します。

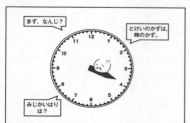

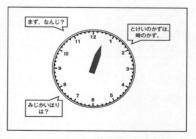

「○時」だけを読む練習をしたら，「○分」だけを読む練習をします。

「ふ～ちゃん」だけが登場します。

授業で使っている「分」だけを読むスライドは４枚です。

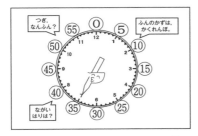 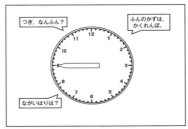

「分」を読むとき，それまでの「５跳び」の練習が役に立ちます。

「時」と「分」を別々に練習した後，本格的に「○時○分」の練習をします。

「分」の数字がついたスライドが３枚，普通の時計のスライドが４枚です。

最後は，右下のように普通の時計を読みます。

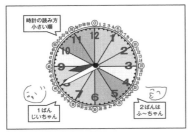 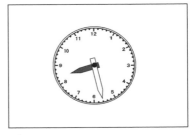

この活動は，テストをする日までずっと続けます。

Point **アプローチ19**

「時」と「分」を分けて読む練習をしよう。

1　プリントをやろう

スライドと同時にやるのが134ページからのプリントです。

このプリントも，「○時・○時半」のプリントと同様，答えが付いています。

裏表印刷することや，タイムを計ることも同様です。

私は2分をめどにしています。

その次に載せているのが，20分で行うミニテストのプリントです。

「○時・○時半」同様，難問付きです。

スライド等をやった上で行うので，ミニテストの時間は15分程度になります。

プリントでは，一人一人の子どもが読めるようになったのかを見極めましょう。

2　授業をしよう

「○時○分」の授業も，最後は「授業らしい授業」をします。

紙にかいた次の時計を掲示し，「何時何分？」と問います。

この時間は，問題の時計を掲示するたびに「え〜っ!?」と驚かせます。

ザワザワポイントです。

これを見せると，子どもは「1，2，3……」と数える動きを始めます。加えて，「5，10，15……」と「5跳び」で数え始めます。

「時」の数がないので，「数えて」いるのです。

ぜひ，「何してるの？」と尋ねてあげてください。

そして，紙に数文字をかき足し，「6時20分」であることを確認します。

さらに，次の時計を掲示します。

分かる子は，すぐ「45分」だと分かります。

ただ，分からない子もいます。

見えなくなった目盛りを補いながら，「○時45分」であることを確かめます。

難しいのは，「何時」の部分です。

「じいちゃん」（短針）が「9」に近づいているので，「8時45分」ではないかという意見が出ます。

最後は，模型の時計で確認します。

時間に余裕があれば，もう一つ掲示します。

ただし，答えを出す必要はありません。

授業で，すべて答えを出さなくてもかまいません。

一つくらい分からないで終わった方が面白いのです。

休み時間になっても，黒板の前で授業の続きをすることでしょう。

そういう子どもの意欲の面も見極めましょう。

使った掲示資料も後に載せています。

Point　アプローチ20

プリントと授業で子どもを見極めよう。

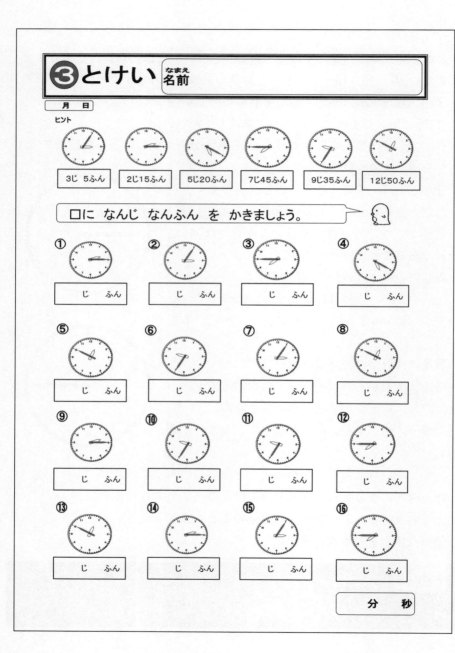

❸ とけい

月 日

ヒント

| 3じ 5ふん | 2じ15ふん | 5じ20ふん | 7じ45ふん | 9じ35ふん | 12じ50ふん |

□に なんじ なんふん を かきましょう。

① じ ふん
② じ ふん
③ じ ふん
④ じ ふん

⑤ じ ふん
⑥ じ ふん
⑦ じ ふん
⑧ じ ふん

⑨ じ ふん
⑩ じ ふん
⑪ じ ふん
⑫ じ ふん

⑬ じ ふん
⑭ じ ふん
⑮ じ ふん
⑯ じ ふん

| 分 秒 |

とけいドリル

1年　　　組

1　なんじ（なんじなんぷん）でしょう。

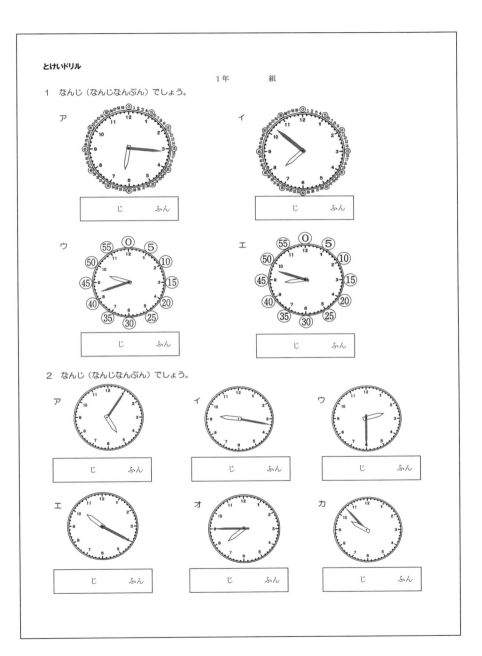

ア　　じ　　ふん

イ　　じ　　ふん

ウ　　じ　　ふん

エ　　じ　　ふん

2　なんじ（なんじなんぷん）でしょう。

ア　　じ　　ふん

イ　　じ　　ふん

ウ　　じ　　ふん

エ　　じ　　ふん

オ　　じ　　ふん

カ　　じ　　ふん

3 むずむずもんだい

ちょっと、ずるいとけいです。

なんじ（なんじなんぷん）でしょう。

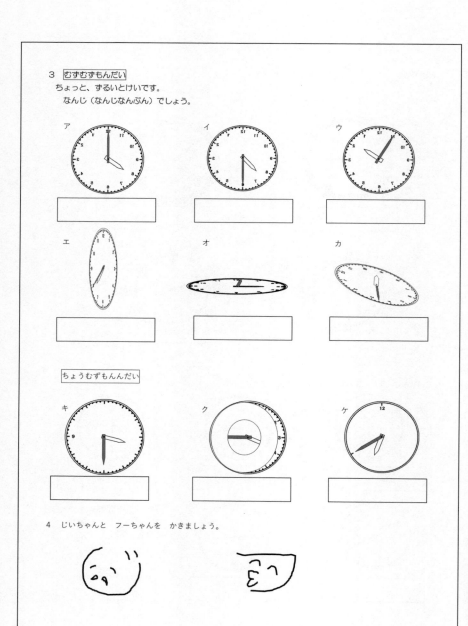

ちょうむずもんんだい

4 じいちゃんと フーちゃんを かきましょう。

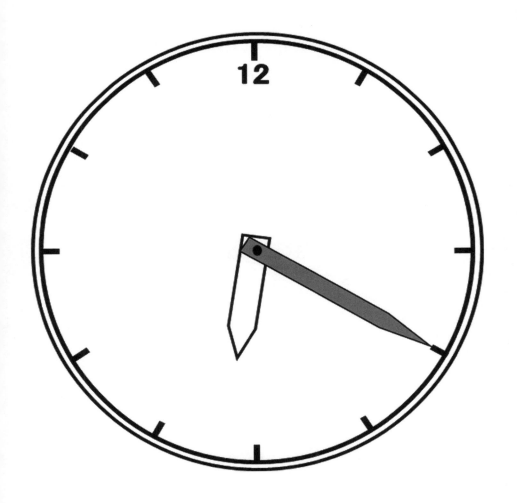

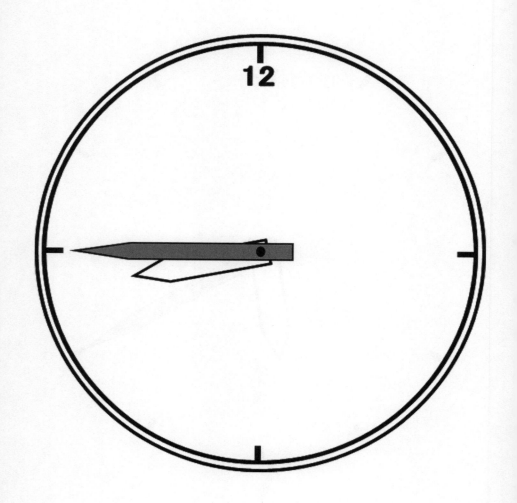

3章
逆転現象を起こす
「ますまる計算プリント」

1 「ますまる計算プリント」の使い方

①「ますまる計算プリント」をする時間

　□（ます）や○（まる）のある「ますまる計算プリント」をここでは３つ紹介します。

　このプリントで授業を組み立てることもできます。

　しかし，お勧めは，「隙間時間」での使用です。

　教科書の問題が早く終わった子にさせておく，健康診断が早く終わった子がやっておく，等です。

　一度授業で，ルールを教えておくと「隙間時間」に使えるようになります。

②プリントの使い方

　１枚のプリントに，複数問ありますが，すべてをやらせる必要はありません。

　１問もできていなくてもかまわないと思って取り組ませてください。

　１問できたら教師のところに持ってこさせ，丸を付けます。

　その１問ができていたら，大きな声でほめましょう。

　まだできていない子が，負けずに計算するようになります。

　できない子が苦痛になるので，間違っても宿題にしないでください。

　ただ，中には，家に帰っても計算の続きをやりたくなる子が出てきます。

　このプリントの面白いところは，１年生ができるのに，大人ができない場合があるところです。

　プリントを持ち帰り，家族と一緒に取り組む子が出てきます。

　クラスの中でも，算数の苦手な子が先にできる「逆転現象」が起きることがありますし，算数が得意な子も退屈せずに取り組むことができます。

　印刷は，一度にクラスの人数×５枚（30人学級の場合，30×5＝150枚）くらいやっておくとよいです。

急な隙間時間にも対応できるように準備しておきます。

2　スペシャル問題

　スペシャル問題は，魔方陣（３×３マスの数を入れて計算するパズル）の変形タイプです。

　ルールがあります。

　「０～９を１回ずつ□に入れて，式を成立させること」です。

　つまり，１つの式に同じ数は使えません。

　具体的に，以下の問題で考えてみましょう。

□ ＋ □ ＝ □□

　１つの□に数を１つ入れます。

　答えが２桁になっているので，繰り上がる必要があります。

　下のように□を余らせることはできません。

２ ＋ ３ ＝ □ ５

　下のように答えはいくつもあります。

７ ＋ ３ ＝ １０，　８ ＋ ４ ＝ １２，　９ ＋ ７ ＝ １６

　一方，１つの□に同じ数を入れることはできないので，下のような式はできないことになります。

５ ＋ ５ ＝ １０，　５ ＋ ６ ＝ １１

　上の場合，１つの式の中に５が２個あったり１が２個あったりしています。

　式は成立していますが，このプリントではルール違反になります。

　正しい答えを出そうと計算を繰り返し，知らないうちに力を付けていきます。

スペシャルもんだい 1

ねん　くみ　（　　　　　　　　　　　　）

下の□の中に、0〜9の数を入れて式がなりたつようにしましょう。
1つの式で、同じ数は1かいしかつかえません。

レベル 1

□ + □ = □

レベル 2

□
+
□ + □ = □
=
□

レベル 3

□ + □ = □
　　+
□ + □ = □
　　=
　　□

レベル 4

□ + □ = □
+　　+
□ + □ = □
=　　=
□　　□

レベル5

□ + □ = □
　　+
□ + □ = □□
　　=
　　□

レベル 6

□ + □ = □
+　　+
□ + □ = □□
=　　=
□　　□

スペシャルもんだい2

ねん　くみ　（　　　　　　　　　　　）

下の□の中に、0〜9の数を入れて式がなりたつようにしましょう。
1つの式で、同じ数は1かいしかつかえません。

レベル1

□ ― □ = □

レベル2

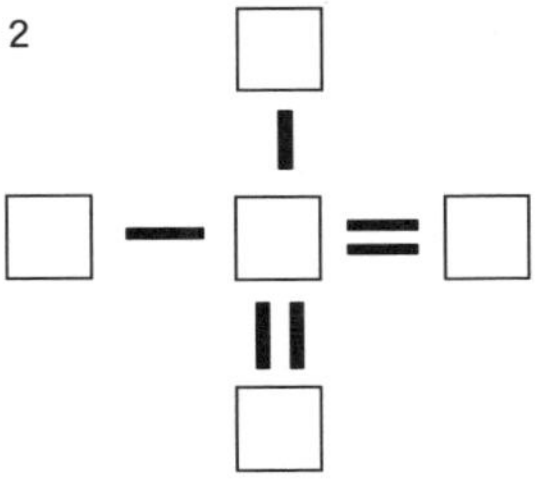

□
｜
□ ― □ = □
‖
□

レベル3

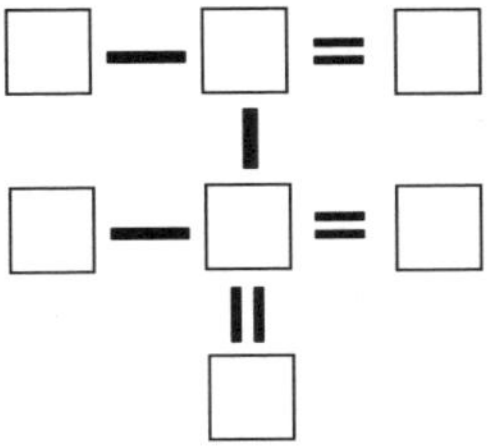

□ ― □ = □
　　｜
□ ― □ = □
　　‖
　　□

レベル4

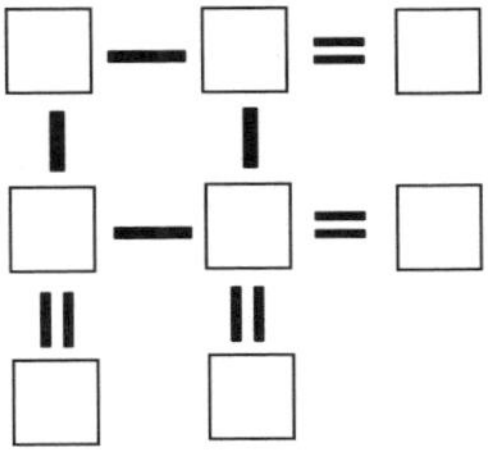

□ ― □ = □
｜　　｜
□ ― □ = □
‖　　‖
□　　□

レベル5

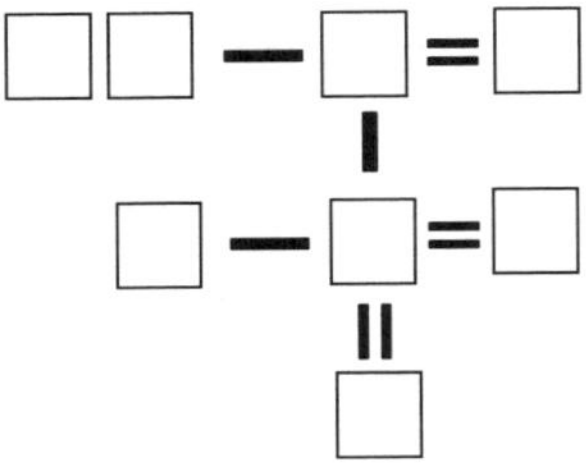

□□ ― □ = □
　　｜
□ ― □ = □
　　‖
　　□

レベル6

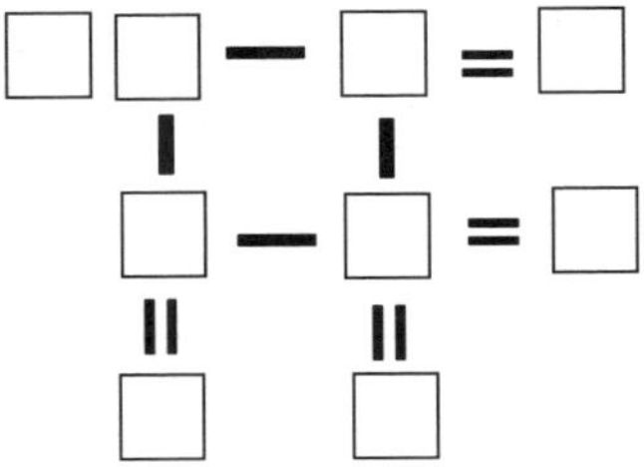

□□ ― □ = □
｜　　｜
□ ― □ = □
‖　　‖
□　　□

スペシャルもんだい 3

ねん　　くみ（　　　　　　　　　　）

したの　□のなかに、0〜9の　かずを　いれて　しきがなりたつようにしましょう。

1つの　しきで、　おなじ　かずは　1かいしか　つかえません。

レベル 1

□ ＋ □ ＝ □

レベル 2

□ ＋ □ ＝ □ □

レベル 3

□ ＋ □ ＋ □ ＝ □ □

レベル 4

□ ＋ □ ＋ □ ＋ □ ＝ □ □

スペシャルもんだい４

ねん　　くみ　（　　　　　　　　　　）

　したの　□のなかに、０〜９の　かずを　いれて　しきが　なりたつように　しましょう。

　１つの　しきで、　おなじ　かずは　１かいしか　つかえません。

レベル１

□ ― □ ＝ □

レベル２

□□ ― □ ＝ □

レベル３

□□ ― □ ― □ ＝ □

レベル４

□□ ― □ ― □ ― □ ＝ □

3　ウルトラ問題

　まず，「魔方陣」の紹介をします。

　３ます×３ますの中に１〜９までの数字を入れて，縦，横，斜めを足して答えを同じにするものです。

　右の９ますに１，２，３，４，５，６，７，８，９の数を１回ずつ入れます。

　そのとき，縦，横，斜めに３つの数を足した答えが全部同じ数にならなくてはいけません。

　適当に数を入れてみます。

　横の数を計算してみましょう。

　１段目。

　７＋６＋５＝18

　２段目と３段目。

　１＋８＋４＝13

　３＋９＋２＝14

　どれも答えが違います。

　これをすべて同じにしなくてはいけません。

　また，縦に３つたした答えも同じでなくてはいけないし，斜めに３つたした答えも同じでなくてはいけません。

　つまり，合わせて８個のたし算の答えをすべて同じにする必要があります。

　これは，大人でも難しいですし，やる気も出ません。

　そこで，１年生でもできるように少し変形させました。

　それがウルトラ問題です。

　右図のように，１本のラインに○が３個ずつ配置されています。

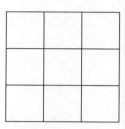

7	6	5
1	8	4
3	9	2

148

○の中に数を入れて計算します。

　ただ，スペシャル問題とはいくつかの点で違います。

　スペシャル問題には，「＋」「－」の記号がありますがウルトラ問題にはありません。

　スペシャル問題は，□の数が3〜10個ですが，ウルトラ問題は○の数が5〜9個です。

　スペシャル問題は，□の中に「答え」も入りますが，ウルトラ問題は，○の中に「答え」は入れません。

　スペシャル問題同様，ウルトラ問題でも○の数によって使わない数も出てきます。

　ウルトラ問題は，魔法陣と同じように，3つの数のたし算です。

　まず，○の中に数を入れます。

　同じライン上の3つの○の数をたします。

　どのラインの数をたしても，答が同じになるようにします。

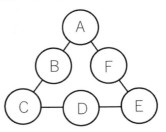

　右図でA＋B＋C＝C＋D＋E＝A＋F＋Eになるということです。

　例えば，A＝3，B＝7，C＝5だとします。

　ラインABCの答えは，3＋7＋5＝15です。

　次，（A＝3），F＝8，E＝4だとしてラインAFEを計算します。

　3＋8＋4＝15です。

　最後にラインCDEです。

　C＝5，E＝4なので，合わせて15になるようにDを6にします。

　すると，5＋4＋6＝15です。

　3本のラインの答えはすべて15でたし算の答えが同じになります。

　スペシャル問題は，早ければ1年生の1学期から使えます。

　ただしウルトラ問題は「3つの数の計算」を学習した後でないと使うことができません。

ウルトラもんだい1

ねん　くみ　（　　　　　　　　）

下の〇に1〜9の数を入れましょう。（同じ数は1かいしかつかえません）
1本の線の上にある〇3つをたし算して答をだしましょう。
全部の答が同じになったら正解です。

レベル1

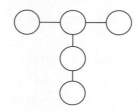

レベル2

レベル3

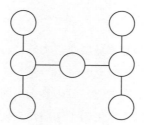

ウルトラもんだい2

ねん　くみ（　　　　　　　）

下の〇に1〜9の数を入れましょう。（同じ数は1かいしかつかえません）
1本の線の上にある〇3つをたし算して答をだしましょう。
全部の答が同じになったら正解です。

レベル1

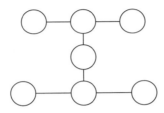

レベル2

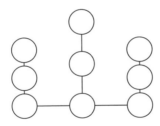

レベル3

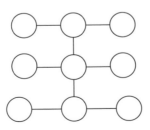

ウルトラもんだい3

ねん　くみ　（　　　　　　　　　）

> 下の〇に1〜9の数を入れましょう。（同じ数は1かいしかつかえません）
> 1本の線の上にある〇3つをたし算して答をだしましょう。
> 全部の答が同じになったら正解です。

レベル1

レベル2

レベル3

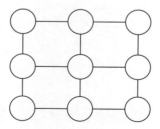

152

ウルトラもんだい4

ねん　くみ　（　　　　　　　　　）

下の〇に1〜9の数を入れましょう。（同じ数は1かいしかつかえません）
1本の線の上にある〇3つをたし算して答をだしましょう。
全部の答が同じになったら正解です。

レベル1

レベル2

レベル3

4 ダンダン問題

ダンダン問題は，たし算の筆算の練習です。同じ数を10回繰り返してたします。この問題のやり方を説明します。

まず，一番上の計算をします。

```
      3
    + 3
    ────
      □
```

3 + 3 = 6で6が□に入ります。

```
      3
    + 3
    ────
      6
```

次に，今答えを出した6と下の + 3を計算し，答えの9を次の□に入れます。

これを繰り返すと以下のようになります。

```
      3
    + 3
    ────
      6
    + 3
    ────
      9
    + 3
    ────
     12
```

計算を10回繰り返した答えは，当然30です。

自分の出した答えがあっているかどうか，自分で分かります。

最後の答えを出すことより，その過程が大事です。

1年生では，筆算を習いませんが，経験させておくことをお勧めします。

1年生でも十分にできます。

ダンダンもんだい１

ねん　　くみ　（　　　　　　　　　　　　　）

> 下の□の中に、答を書きましょう。
> 書いた答をもとに、次の計算をしましょう。

レベル１

```
    1
+   1
───────
   □

+   1
───────
   □

+   1
───────
   □

+   1
───────
   □

+   1
───────
   □

+   1
───────
   □

+   1
───────
   □

+   1
───────
   □

+   1
───────
  □ □
```

レベル２

```
    2
+   2
───────
   □

+   2
───────
   □

+   2
───────
   □

+   2
───────
  □ □

+   2
───────
  □ □

+   2
───────
  □ □

+   2
───────
  □ □

+   2
───────
  □ □

+   2
───────
  □ □
```

レベル３

```
    3
+   3
───────
   □

+   3
───────
   □

+   3
───────
  □ □

+   3
───────
  □ □

+   3
───────
  □ □

+   3
───────
  □ □

+   3
───────
  □ □

+   3
───────
  □ □

+   3
───────
  □ □
```

ダンダンもんだい2

ねん　くみ　（　　　　　　　　　　　　）

下の□の中に、答を書きましょう。
書いた答をもとに、次の計算をしましょう。

レベル1　　　　　4
　　　　　＋　　4
　　　　　　　□
　　　＋　　　4
　　　□　　□
　　　＋　　　4
　　　□　　□
　　　＋　　　4
　　　□　　□
　　　＋　　　4
　　　□　　□
　　　＋　　　4
　　　□　　□
　　　＋　　　4
　　　□　　□
　　　＋　　　4
　　　□　　□
　　　＋　　　4
　　　□　　□

レベル2　　　　　5
　　　　　＋　　5
　　　□　　□
　　　＋　　　5
　　　□　　□
　　　＋　　　5
　　　□　　□
　　　＋　　　5
　　　□　　□
　　　＋　　　5
　　　□　　□
　　　＋　　　5
　　　□　　□
　　　＋　　　5
　　　□　　□
　　　＋　　　5
　　　□　　□
　　　＋　　　5
　　　□　　□

レベル3　　　　　6
　　　　　＋　　6
　　　□　　□
　　　＋　　　6
　　　□　　□
　　　＋　　　6
　　　□　　□
　　　＋　　　6
　　　□　　□
　　　＋　　　6
　　　□　　□
　　　＋　　　6
　　　□　　□
　　　＋　　　6
　　　□　　□
　　　＋　　　6
　　　□　　□
　　　＋　　　6
　　　□　　□

ダンダンもんだい 3

ねん　くみ　（　　　　　　　　　　　　　　）

下の□の中に、答を書きましょう。
書いた答をもとに、次の計算をしましょう。

レベル1

```
      7
  +   7
  ┌─┬─┐
  └─┴─┘
  +   7
  ┌─┬─┐
  └─┴─┘
  +   7
  ┌─┬─┐
  └─┴─┘
  +   7
  ┌─┬─┐
  └─┴─┘
  +   7
  ┌─┬─┐
  └─┴─┘
  +   7
  ┌─┬─┐
  └─┴─┘
  +   7
  ┌─┬─┐
  └─┴─┘
  +   7
  ┌─┬─┐
  └─┴─┘
  +   7
  ┌─┬─┐
  └─┴─┘
```

レベル2

```
      8
  +   8
  ┌─┬─┐
  └─┴─┘
  +   8
  ┌─┬─┐
  └─┴─┘
  +   8
  ┌─┬─┐
  └─┴─┘
  +   8
  ┌─┬─┐
  └─┴─┘
  +   8
  ┌─┬─┐
  └─┴─┘
  +   8
  ┌─┬─┐
  └─┴─┘
  +   8
  ┌─┬─┐
  └─┴─┘
  +   8
  ┌─┬─┐
  └─┴─┘
  +   8
  ┌─┬─┐
  └─┴─┘
```

レベル3

```
      9
  +   9
  ┌─┬─┐
  └─┴─┘
  +   9
  ┌─┬─┐
  └─┴─┘
  +   9
  ┌─┬─┐
  └─┴─┘
  +   9
  ┌─┬─┐
  └─┴─┘
  +   9
  ┌─┬─┐
  └─┴─┘
  +   9
  ┌─┬─┐
  └─┴─┘
  +   9
  ┌─┬─┐
  └─┴─┘
  +   9
  ┌─┬─┐
  └─┴─┘
  +   9
  ┌─┬─┐
  └─┴─┘
```

【著者紹介】
黒川　孝明（くろかわ　たかあき）
1961年，熊本県に生まれる。
天草郡志岐小学校，姫戸小学校。熊本市立東町小学校，出水南
小学校，健軍小学校を経て，現在，託麻南小学校に勤務。
長年，熊本市算数研究会に所属，算数が苦手な子ができるよう
になる算数の手立ての研究を続ける。

著書に『確かな学力を育てる算数１年ワーク』，編著に『板書
＆イラストでよくわかる365日の全授業　小学校算数１年上下』，
共著に『小１担任のための学級経営大事典』『小２担任のため
の学級経営大事典』『算数科「言語活動の充実」事例』『掃除指
導完ペキマニュアル』（以上，明治図書）等。

算数科授業サポートBOOKS
小学１年担任のための算数指導

2021年2月初版第1刷刊　©著　者	黒　川　孝　明	
2022年1月初版第3刷刊　発行者	藤　原　光　政	

発行所　明治図書出版株式会社
http://www.meijitosho.co.jp
（企画）茅野　現（校正）高梨　修
〒114-0023　東京都北区滝野川7-46-1
振替00160-5-151318　電話03(5907)6702
ご注文窓口　電話03(5907)6668

＊検印省略　　　組版所　中　央　美　版

本書の無断コピーは，著作権・出版権にふれます。ご注意ください。

Printed in Japan　　ISBN978-4-18-343317-6
もれなくクーポンがもらえる！読者アンケートはこちらから→